杭州全书编纂指导委员会

杭州全书编辑委员会

章太炎系列丛书编纂指导委员会

章太炎系列丛书编辑委员会

王国平　总主编

章太炎讲国学

史文　编

杭州全书总序

城市是有生命的。每座城市，都有自己的成长史，有自己的个性和记忆。人类历史上，出现过不计其数的城市，大大小小，各具姿态。其中许多名城极一时之辉煌，但随着世易时移，渐入衰微，不复当年雄姿；有的甚至早已结束生命，只留下一片废墟供人凭吊。但有些名城，长盛不衰，有如千年古树，在古老的根系与树干上，生长的是一轮又一轮茂盛的枝叶和花果，绽放着恒久的美丽。杭州，无疑就是这样一座保持着恒久美丽的文化名城。

这是一座古老而常新的城市。杭州有8000年文明史、5000年建城史。在几千年历史长河中，杭州文化始终延绵不绝，光芒四射。8000年前，跨湖桥人凭着一叶小木舟、一双勤劳手，创造了辉煌的“跨湖桥文化”，浙江文明史因此上推了1000年；5000年前，良渚人在“美丽洲”繁衍生息，耕耘治玉，修建了“中华第一城”，创造了灿烂的“良渚文化”，被誉为“东方文明的曙光”。而隋开皇年间置杭州、依凤凰山建造州城，为杭州的繁荣奠定了基础。此后，从唐代“灯火家家市，笙歌处处楼”的东南名郡，吴越国时期“富庶盛于东南”的国都，北宋时即被誉为“上有天堂，下有苏杭”的“东南第一州”，南宋时全国的政治、经济、科教、文化中心，元代马可·波罗眼中的“世界上最美丽华贵之天城”，明代产品“备极精工”的全国纺织业中心，清代接待康熙、乾隆几度“南巡”的旅游胜地、人文渊薮，民国时期文化名人的集中诞生地，直到新中国成立后的湖山新貌，尤其是近年来为世人称羡不已的“最具幸福感城市”——杭州，不管在哪个历史阶段，都让世人感受到她的分量和魅力。

这是一座勾留人心的风景之城。“淡妆浓抹总相宜”的“西湖天下景”，“壮观天下无”的钱江潮，“至今千里赖通波”的京杭大运河（杭州段），蕴涵着“梵、隐、俗、闲、野”的西溪烟水，三秋桂子，十里荷花，杭州的一山一水、一草一木，都美不胜收，令人惊艳。今天的杭州，西湖成功申遗，中国最佳旅游城市、东方休闲之都、国际花园城市等一顶顶“桂冠”相继获得，杭州正成为世人向往之“人间天堂”、“品质之城”。

这是一座积淀深厚的人文之城。8000年来，杭州“代有才人出”，文化名人灿若繁星，让每一段杭州历史都不缺少光华，而且辉映了整个华夏文明的星空；星罗棋布的文物古迹，为杭州文化添彩，也为中华文明增重。今天的杭州，文化春风扑面而来，经济“硬实力”与文化“软实力”相得益彰，文化事业与文化产业齐头并进，传统文化与现代文明完美融合，杭州不仅是“投资者的天堂”，更是“文化人的天堂”。

杭州，有太多的故事值得叙说，有太多的人物值得追忆，有太多的思考需要沉淀，有太多的梦想需要延续。面对这样一座历久弥新的城市，我们有传承文化基因、保护文化遗产、弘扬人文精神、探索发展路径的责任。今天，我们组织开展杭州学研究，其目的和意义也在于此。

杭州学是研究、发掘、整理和保护杭州传统文化和本土特色文化的综合性学科，包括西湖学、西溪学、运河（河道）学、钱塘江学、良渚学、湘湖（白马湖）学等重点分支学科。开展杭州学研究必须坚持“八个结合”：一是坚持规划、建设、管理、经营、研究相结合，研究先行；二是坚持理事会、研究院、研究会、博物馆、出版社、全书、专业相结合，形成“1+6”的研究框架；三是坚持城市学、杭州学、西湖学、西溪学、运河（河道）学、钱塘江学、良渚学、湘湖（白马湖）学相结合，形成“1+1+6”的研究格局；四是坚持全书、丛书、文献集成、研究报告、通史、辞典相结合，形成“1+5”的研究体系；五是坚持党政、企业、专家、媒体、市民相结合，形成“五位一体”的研究主体；六是坚持打好杭州牌、浙江牌、中华牌、国际牌相结合，形成“四牌共打”的运作方式；七是坚持权威性、学术性、普及性相结合，形成“专家叫好、百姓叫座”的研究效果；八是坚持有章办事、有人办事、有钱办事、有房办事相结合，形成良好的研究保障体系。

《杭州全书》是杭州学研究成果的载体，包括丛书、文献集成、研究报告、通史、辞典五大组成部分，定位各有侧重：丛书定位为通俗读物，突出“俗”字，做到有特色、有卖点、有市场；文献集成定位为史料集，突出“全”字，做到应收尽收；研究报告定位为论文集，突出“专”字，围绕重大工程实施、通史编纂、世界遗产申报等收集相关论文；通史定位为史书，突出“信”字，体现系统性、学术性、规律性、权威性；辞典定位为工具书，突出“简”字，做到简明扼要、准确权威、便于查询。我们希望通过编纂出版《杭州全书》，全方位、多角度地展示杭州的前世今生，发挥其“存史、释义、资政、育人”作用；希望人们能从《杭州全书》中各取所需，追寻、印证、借鉴、取资，让杭州不仅拥有辉煌的过去、璀璨的今天，还将拥有更加美好的明天！

是为序。

王国平

2012年10月

出版说明

余杭，于公元前222年（秦王政二十五年）置县，历史悠久，文化底蕴十分深厚。良渚文化实证的5000年文明历史，为余杭留下了丰富的历史文化资源。为把这笔得天独厚的“文化财富”挖掘出来，发扬光大，成为激励余杭人民继续创造辉煌的不竭源泉，从2008年开始，余杭区委、区政府组织相关部门和专家学者，对余杭历史文化进行了一次比较系统的整理研究，并提炼梳理为历史文献、良渚文化、运河文化、径山禅茶文化、西溪文化、南湖文化、民间文化、历代诗词、文化名人等九大系列，历经两年于2009年编辑出版了9卷56册1500余万字的《余杭历史文化研究丛书》，第一次将余杭的历史文化比较全面系统地介绍给读者。

此后，以研究、发掘、整理和保护杭州传统文化、本土特色文化为主的杭州学研究工作启动，并将编纂出版《杭州全书》作为发布杭州学研究成果的重要载体。2011年3月，杭州城市学研究会余杭分会成立后，根据区委、区政府的意见，陆续组织力量对余杭历史文化作进一步的深入发掘，新的研究成果不断推出。

为了让这些新的研究成果得以面世、传承，继续介绍给那些关心余杭、研究余杭、热爱余杭的读者，作为大杭州的一部分，余杭分会按照杭州城市学研究会的统一部署，将余杭历史文化研究的新成果纳入到《杭州全书》的编纂出版体系之中，并按照《杭州全书》确定的编纂体系编辑出版，同时也算作《余杭历史文化研究丛书》的续篇，以飨读者。

杭州城市学研究理事会余杭分会

2014年11月

目　录

前　言

“国学”是一个非常宽泛的名词，举凡一国以往之思想学术，皆可谓之国学。就中国来说，一切传统之经史子集，或者现代学术体系下之哲学、史学、文学、佛学、医学……，都可以说是中国“国学”的一部分。在整个中国历史上，尤其是自19世纪末有“国学”之名词以后，一人之学问，可以涉及国学全部内容者，可以说几乎没有。而能够涵盖其中之大部分乃至一部分，且有精深之研究者，即可称为“国学大师”了。于此之中，在学问的广博与深刻性上，章太炎都堪称第一人，无可与之匹敌者。

章太炎（1869年1月12日—1936年6月14日），原名炳麟，字枚叔。后因慕顾炎武之为人，改名绛，别号太炎。浙江余杭人。自幼受外祖、父影响，萌生民族主义意识，矢志反清，曾大骂光绪皇帝为“小丑”，因此入狱三年。被释后东渡日本，主持同盟会机关报《民报》，宣扬民主共和思想，促进了辛亥革命的诞生，与孙中山、黄兴并称“辛亥三杰”。中华民国成立后，主张“革命军兴，革命党消”，主张共和制，曾被袁世凯软禁三年。后支持联省自治。晚年主张抗击日本侵略。

章太炎早年入诂经精舍，从德清俞樾学，习古文经学，上溯高邮二王父子，号为清代朴学殿军。作《文始》《小学答问》等书，开创近代之语言文字学。入西牢以后，精研佛学，后以唯识学解《庄子·齐物论》，建立“齐物”哲学。家世中医，性又嗜医学。其一生著述，涵盖了国学的大部分，为举世公认的国学大师。讲学近四十年，其弟子如鲁迅、周作人、黄侃、钱玄同、朱希祖、王仲荦、姜亮夫，等等，都成为后来中国思想史和学术史上的大人物。

章太炎的思想和学术，不仅反映了中国传统学术在近代的发展，反过来也是了解中国传统的一爿窗，一扇门，一条路。章太炎全部著述，都属于国学的范畴，但其文字艰深，前人即多慨叹难读难懂，我们特意编选《章太炎讲国学》一书，以为普通读者了解章太炎、并借章太炎了解中国传统之助。

对于本书的编选，有几点需要说明：第一，本书所选各文，均为演讲记录，取其通俗易懂；各文均摘自章念驰先生编《章太炎全集·演讲集》（上海人民出版社 2015 年版），不敢掠美前贤。第二，章太炎一生多次公开演讲国学，如 1906 年起在日本国学讲习会、1913 年被袁世凯软禁期间、1922 年在上海、1935 年起在苏州章氏国学讲习会等。各次演讲皆有记录，除晚年最后一次外（因分讲小学、经学、史学、文学，今后拟收入《章太炎讲历史》等各册，故此次暂不收录），大多收入本书。其他亦选录数篇演讲。其基本原则，在取其通论“国学”之“概要”，以便于读者作基本之了解。第三，各文多成于八十多年乃至百年以前，用词用字与今天多有不同，皆视情况有所改动，以便利今天的普通读者。

国学概论[1]

（一九二二年四月一日至六月七日在上海江苏教育会讲演）

第一章　概　论

我在东京曾讲演过一次国学，在北京也讲演过一次，今天是第三次了。国学很不容易讲，有的也实在不能讲，必须自己用心去读去看。即如历史，本是不能讲的。古人已说“一部十七史从何处说起”，现在更有二十四史，不止十七史了。即《通鉴》等书似乎稍简要一点，但还是不能讲。如果只像说大书那般铺排些事实，或讲些事实夹些论断，也没甚意义。所以这些书都靠自己用心去看。我讲国学，只能指示些门径和矫正些近人易犯的毛病。今天先把“国学概论”分做两部研究：

甲、国学的本体

a 经史非神话

b 经典诸子非宗教

c 历史非小说传奇

乙、治国学的方法

a 辨书籍的真伪

b 通小学

c 明地理

d 知古今人情的变迁

e 辨文学应用

---

① 由曹聚仁记录，取名《国学概论》，一九二九年上海泰东图书局出版。

（甲）国学的本体

a 经史非神话

在古代书籍中，原有些记载是神话：若《山海经》《淮南子》中所载，我们看了，觉得是怪诞极了。但此类神话，在王充《论衡》里已有不少被他看破，没有存在的余地了。而且正经正史中本没有那些话。如盘古开天辟地，天皇地皇人皇等，正史都不载。又如“女娲炼石补天”“后羿射日”那种神话，正史里也都没有。经史所载，虽在极小部分中还含神秘的意味，大体并没神奇怪离的论调。并且，这极小部分的神秘记载，也许使我们得有理的解释。

《诗经》记后稷的诞生，颇似可怪。因据《尔雅》所释“履帝武敏”，说是他的母亲，足蹈了上帝的拇指得孕的。但经毛公注释，训帝为皇帝，就等于平常的事实了。

《史记·高帝本纪》，说高祖之父太公，雷雨中至大泽，见神龙附其母之身，遂生高祖。这不知是太公捏造这话来骗人，还是高祖自造。即使太公真正看见如此，我想其中也可假托。记得湖北曾有一件奸杀案："一个奸夫和奸妇密议，得一巧法，在雷雨当中，奸夫装成雷公怪形，从屋脊而下，活活地把本夫打杀。"高祖的事，也许是如此，他母亲和人私通，奸夫饰做龙怪的样儿，太公自然不敢进去了。

从前有人常疑古代圣帝贤王都属假托，即如《尧典》所说"钦明文思安安，克明俊德……"等等的话，有人很怀疑，以为那个时候的社会，那得有像这样的完人。我想：古代史家叙太古的事，不能详叙事实，往往只用几句极混统的话做"考语"；这种考语原最容易言过其实。比如今人作行述，遇着没有事迹可记的人，每只用几句极好的考语。《尧典》中所载，也不过是一种"考语"，事实虽不全如此，也未必全不如此。

《禹贡》记大禹治水，八年告成。日本有一博士，他说："后世凿小小的运河，尚须数十年或数百年才告成功，他治这大的水，那得如此快?"因此，也疑《禹贡》只是一种奇迹。我却以为大禹治水，他不过督其成，自有各部分工去做；如果要亲身去，就游历一周，也不能，何况凿成！在那时人民同受水患，都有切身的苦痛，免不得合力去做，所以"经之营之，不日成之"了。《禹贡》记各地土地腴瘠情形，也不过依报告录出，并不必由大禹亲自调查的。

太史公作《五帝本纪》，择其言尤雅驯者，可见他述的确实。我们再翻看经史中，却也没载盘古三皇的事，所以经史并非神话。

其他经史以外的书，若《竹书纪年》《穆天子传》，确有可疑者在。但《竹书纪年》今存者为明代伪托本，可存而不论。《穆天子传》也不在正经正史之列，不能以此混彼。后世人往往以古书稍有疑点，遂全目以为伪，这是错了。

b 经典诸子非宗教

经典诸子中有说及道德的，有说及哲学的，却没曾说及宗教。近代人因为佛经及耶教的《圣经》都是宗教，就把国学里的"经"也混为一解，实是大误。"佛经""圣经"的那个"经"字，是后人翻译时随意引用，并不和

“经”字原意相符。经字原意只是一经一纬的经，即是一根线，所谓经书只是一种线装书罢了。明代有线装书的名目，即别于那种一页一页散着的八股文墨卷，因为墨卷没有保存的价值，别的就称做线装书了。古代记事书于简，不及百名者书于方，事多一简不能尽，遂连数简以记之，这连各简的线，就是“经”。可见“经”不过是当代记述较多而常要翻阅的几部书罢了。非但没含宗教的意味，就是汉时训“经”为“常道”，也非本意。后世疑经是经天纬地之经，其实只言经而不言天，便已不是经天的意义了。

中国自古即薄于宗教思想，此因中国人都重视政治，周时诸学者已好谈政治，差不多在任何书上都见他们政治的主张。这也是环境的关系：中国土地辽广，统治的方法，急待研究，比不得欧西地小国多，没感着困难。印度土地也大，但内部实分着许多小邦，所以他们的宗教易于发达。中国人多以全力着眼政治，所以对宗教很冷淡。

老子很反对宗教，他说：“以道莅天下，其鬼不神。”孔子对于宗教，也反对，他虽于祭祀等事很注意，但我们味“祭神如神在”的“如”字的意思，他已明白告诉我们是没有神的。《礼记》一书很考究祭祀，这书却又出自汉代，未必是可靠。

祀天地社稷，古代人君确是遵行；然自天子以下，就没有与祭的身份。须知宗教是须普及于一般人的，耶稣教的上帝，是给一般人膜拜的。中国古时所谓天，所谓上帝，非人君不能拜，根本上已非宗教了。

九流十家中，墨家讲天、鬼，阴阳家说阴阳生克，确含宗教的臭味。但墨子所谓天，阴阳家所谓龙虎，却也和宗教相去很远。

就上讨论，我们可以断定经典诸子非宗教。

c 历史非小说传奇

后世的历史，因为辞采不丰美，描写不入神，大家以为是记实的；对于古史，若《史记》《汉书》，以其叙述和描写的关系，引起许多人的怀疑。

《刺客列传》记荆轲刺秦王事，《项羽本纪》记项羽垓下之败，真是活龙活现；大家看了，以为事实上未必如此，太史公并未眼见，也不过如《水浒传》里说武松、宋江，信手写去罢了。实则太史公作史，择雅去疑，慎之又慎。像伯夷、叔齐的事，曾经孔子讲及，所以他替二人作传，那许由、务光之流，就缺而不录了。项羽、荆轲的事迹，昭昭在人耳目，太史公虽没亲见，但传说很多，他就可凭着那传说写出了。《史记》中详记武事，原不止项羽一人；但若夏侯婴、周勃、灌婴等传，对于他们的战功，只书得某城，斩首若干级，升什么官，竟像记一笔账似的，这也因没有特别的传说，只将报告记了一番就算了。如果太史公有意伪述，那《刺客列传》除荆轲外，行刺的情形，只曹沫、专诸还有些叙述，豫让、聂政等竟完全略过，这是什么道理呢？《水浒传》有百零八个好汉，所以施耐庵不能个个描摹，《刺客列传》只五个人，难道太史公不能逐人描写？这都因荆轲行刺的情形有传说可凭，别人没有，所以如此的。

商山四皓一事，有人以为四个老人那里能够使高祖这样听从，《史记》所载未必是实。但须知一件事情的成功，往往为多数人所合力做成，而史家常在甲传中归功于甲，在乙传中又归功于乙。汉惠免废，商山四皓也是有功之一，所以在《留侯世家》中如此说，并无可疑。

史书原多可疑的地方，但并非像小说那样的虚构。如刘知几《史通》曾疑更始刮席事为不确，因为更始起自草泽时，已有英雄气概，何至为众所拥立时，竟羞惧不敢仰视而以指刮席呢？这大概是光武一方面诬蔑更始的话。又如史书写王莽，竟写得同騃子一般，这样愚騃的人怎能篡汉？这也是汉室中兴对于王莽当然特别贬斥。这种以成败论人的习气，史家在所不免，但并非像小说的虚构。

考《汉书·艺文志》已列小说于各家之一，但那只是县志之类，如所谓《周考》《周纪》者。最早是见于《庄子》，有“饰小说以干县令”一语。这所谓小说，却又指那时的小政客不能游说六国侯王，只能在地方官前说几句本地方的话。这都和后世小说不同。刘宋时有《世说新语》一书，所记多为有风趣的魏晋人的言行，但和正史不同的地方，只时日多颠倒处，事实并非虚构。唐人始多笔记小说，且有因爱憎而特加揄扬或贬抑者，去事实稍远。《新唐书》因《旧唐书》所记事实不详备，多采取此等笔记。但司马温公作《通鉴》对于此等事实必由各方面搜罗证据，见有可疑者即删去，可见作史是极慎重将事的。最和现在小说相近的是宋代的《宣和遗事》，彼记宋徽宗游李师师家，写得非常生动，又有宋江等三十六人，大约《水浒传》即脱胎于此书。古书中全属虚构者也非没有，但多专记神仙鬼怪，如唐人所辑《太平广记》之类，这与《聊斋志异》相当，非《水浒传》可比，而且正史中也向不采取。

所以正史中虽有些叙事很生动的地方，但决与小说传奇不同。

（乙）治国学的方法

a 辨书籍的真伪

对于古书没有明白哪一部是真，哪一部是伪，容易使我们走入迷途，所以研究国学第一步要辨书籍的真伪。

四部的中间，除了集部很少假的，其余经、史、子三部都包含着很多的伪书，而以子部为尤多。清代姚际恒《古今伪书考》，很指示我们一些途径。

先就经部讲。《尚书》现代通行本共有五十八篇，其中只有三十三篇是汉代时的"今文"所有，另二十五篇都是晋代梅颐所假造。这假造的《尚书》，宋代朱熹已经怀疑他，但没曾寻出确证，直到清代，才明白地考出，却已雾迷了一千多年。经中尚有为明代人所伪托，如《汉魏丛书》中的《子贡诗传》，系出自明丰坊手。诠释经典之书，也有后人伪托，如孔安国《尚书传》、郑氏《孝经注》、《孟子》孙奭疏……之类，都是晋代的产品。不过《伪古文尚书》和《伪孔传》，比较的有些价值，所以还引起一部分人一时间的信仰。

以史而论：正史没有人敢假造，别史中就有伪书。《越绝书》，汉代袁康所造，而托名子贡；宋人假造《飞燕外传》《汉武内传》，而列入《汉魏丛书》。《竹书纪年》本是晋人所得，原已难辨真伪，而近代通行本，更非晋人原本，乃是明人伪造的了。

子部中伪书很多，现在举其最著者六种，前三种尚有价值，后三种则全不足信。

（一）《吴子》。此书中所载器具，多非当时所有，想是六朝产品。但从前科举时代把他当作"武经"，可见受骗已久。

（二）《文子》。《淮南子》为西汉时作品，而《文子》里面大部抄自《淮南子》，可见本书系属伪托，已有人证明他是两晋六朝人做的。

（三）《列子》。信《列子》的人很多，这也因本书做得不坏，很可动人的原故。须知列子这个人虽见于《史记·老庄列传》中，但书中所讲，多取材于佛经，佛教在东汉时始入中国，那能在前说到？我们用时代证他，已可水落石出。并且《列子》这书，汉人从未有引用一句，这也是一个明证。造《列子》的也是晋人。

（四）《关尹子》。这书无足论。

（五）《孔丛子》。这部书是三国时王肃所造。《孔子家语》一书也是他所造。

（六）《黄石公三略》。唐人所造。又《太公阴符经》一书，出现在《黄石公三略》之后，系唐人李筌所造。

经、史、子三部中的伪书很多，以上不过举个大略。此外，更有原书是真，而后参加一部分进去的，这却不能疑他是假。《四子书》中有已被参入的，《史记》中也有。如《史记》中曾说及扬雄，扬在太史公以后，显系后人加入，但不能因此便疑《史记》是伪书。

总之，以假为真，我们就要陷入迷途，所以不可不辨别清楚。但反过来看，因为极少部分的假，就怀疑全部分，也是要使我们彷徨无所归宿的。如康有为以为汉以前的书都是伪的，都被王莽、刘歆改窜过，这话也只有他一个人这样说。我们如果相信他，便没有可读的古书了。

b 通小学

韩昌黎说："凡作文章宜略识字。"所谓"识字"，就是通小学的意思。作文章尚须略通小学，可见在现在研究古书，非通小学是无从下手的了。小学在古时，原不过是小学生识字的书，但到了现代，虽研究到六七十岁，还有不能尽通的。何以古易今难至于如此呢？这全是因古今语言变迁的缘故。现在的小学，是可以专门研究的，但我所说的"通小学"，却和专门研究不同，因为一方面要研究国学，所以只能略通大概了。

《尚书》中《盘庚》《洛诰》，在当时不过一种告示，现在我们读了，觉得佶屈聱牙，这也是因我们没懂当时的白话，所以如此。《汉书·艺文志》说："《尚书》直言也。"直言就是白话，古书原都用当时的白话。但我们读《尚书》，觉得格外难懂，这或因《盘庚》《洛诰》等都是一方的土话。如殷朝建都在黄河以北，周朝建都在陕西，用的都是河北的土话，所以比较的不能明白。《汉书·艺文志》又说"读《尚书》应用《尔雅》"，这因《尔雅》是诠释当时土话的书，所以《尚书》中于难解的地方，看了《尔雅》就可明白。

总之，读唐以前的书，都非研究些小学不能完全明白。宋以后的文章和现在差不多，我们就能完全了解了。

研究小学有三法：

一、通音韵。古人用字，常同音相通，这大概和现在的人写别字一样。

凡写别字都是同音的，不过古人写惯了的别字，现在不叫他写别字罢了。但古时同音的字，现在多不相同，所以更难明白。我们研究古书，要知道某字即某字之转讹，先要明白古时代的音韵。

二、明训诂。古时训某字为某义，后人更引申某义转为他义，可见古义较狭而小，后义较广而繁。我们如不明白古时的训诂，误以后义附会古义，就要弄错了。

三、辨形体。近体字中相像的，在篆文未必相像，所以我们要明古书某字的本形，以求古书某字的某义。

历来讲形体的书是《说文》，讲训诂的是《尔雅》，讲音韵的书是《音韵学》。如能把《说文》《尔雅》《音韵学》都有明确的观念，那研究国学就不至

朱熹像

犯“意误”“音误”“形误”等弊病了。

宋朱熹一生研究五经四子诸书，连寝食都不离，可是纠缠一世，仍弄不明白，实在他在小学没有工夫，所以如此。清代毛西河事事和朱子反对，但他也不从小学下手，所以反对的论调也都错了。可见通小学对于研究国学是极重要的一件事了。清代小学一门，大放异彩，他们所发见的新境域，着实不少！

三国以下的文章，十之八九我们能明了，其不能明了的部分，就须借助于小学。唐代文家如韩昌黎、柳子厚的文章，虽是明白晓畅，却也有不能了解的地方。所以我说：看唐以前的文章，都要先研究一些小学。

桐城派也懂得小学，但比较的少用工夫，所以他们对于古书中不能明白的字，便不引用，这是消极的免除笑柄的办法，事实上总行不去的。

哲学一科，似乎可以不通小学，但必专凭自我的观察，由观察而发表自我的意思。和古人完全绝缘，那才可以不必研究小学。倘仍要凭借古人或引用古书，那不明白小学就要闹笑话了。比如朱文公研究理学（宋之理学即哲学），释“格物”为“穷至事物之理”，便召非议。在朱文公原以“格”可训为“来”，“来”可训为“至”，“至”可训为“极”，“极”可训为“穷”，就把“格物”训“穷物”。可是训“格”为“来”是有理，辗转训“格”为“穷”，就是笑话了。又释“敬”为“主一无适”之谓（这原是程子说的），他的意思是把“适”训作“至”。不知古时“适”与“敌”通，《淮南子》中的主“无适”，所谓“无适”实是“无敌”之谓，“无适”乃“无敌对”的意义，所以说是“主一”。

所以研究国学，无论读古书或治文学、哲学，通小学都是一件紧要的事。

c 明地理

近顷所谓地理，包含地质、地文、地志三项，原须专门研究的。中国本来的地理，算不得独立的科学，只不过做别几种——史、经——的助手，也没曾研究到地质、地文的。我们现在要研究国学，所需要的也只是地志。且把地志讲一讲。

地志可分两项：天然的和人为的。天然的就是山川脉络之类。山自古至今，没曾变更。大川若黄河，虽有多次变更，我们在历史上可以明白考出。所以关于天然的，比较地容易研究。人为的就是郡县建置之类。古来封建制度至秦改为郡县制度，已是变迁极大；数千年来，一变再变，也不知经过多少更张。那秦汉时代所置的郡，现在还能大略考出，所置的县，就有些模糊了；战国时各国的地界，也还可以大致考出，而各国战争的地点和后来楚汉战争的地点，却也很不明白了。所以人为的比较地难以研究。

历来研究天然的，在乾隆时有《水道提纲》一书，书中讲山的地方甚少，关于水道，到现在也变更了许多，不过大致是对的。在《水道提纲》以前，原有《水经注》一书，这书是北魏人所著，事实上已用不着，只文采丰富，可当古董看罢了。研究人为的，有《读史方舆纪要》和《乾隆府厅州县志》。民国代兴，废府留县，新置的县也不少，因此更大有出入。在《方舆纪要》和《府厅州县志》以前，唐人有《元和郡县志》，也是研究人为的，只是欠分明。另外还有《大清一统志》《李申耆五种》，其中却有直截明了的记载，我们应该看的。

我们研究国学，所以要研究地理者，原是因为对于地理没有明白的观念，看古书就有许多不能懂。比如看到春秋战国的战争，和楚汉战争，史书上已载明谁胜谁败，但所以胜所以败的原因，关于形势的很多，就和地理有关了。

二十四史中，古史倒还可以明白，最难研究的，要推《南》《北史》和《元史》。东晋以后，五胡闯入内地，北方的人士多数南迁，他们数千人所住的地，就侨置一州。侨置的地方，大都在现在镇江左近，因此有南通州、南青州、南冀州的地名产生。我们研究《南史》，对于侨置的地名，实在容易混错。元人灭宋，统一中国，在二十四史就有《元史》的位置。元帝成吉思汗拓展地域很广，关于西比利亚和欧洲东部的地志，《元史》也有阑入，因此使我们读者发生困难。关于《元史》地志有《元史译文证补》一书，因著者博征海外，故大致不错。

不明白地理而研究国学，普通要发生三种谬误。南北朝时南北很隔绝。北魏人著《水经注》，对于北方地势，还能正确，记述南方的地志，就错误很多。南宋时对于北方大都模糊，所以福建人郑樵所著《通志》，也错得很多，这是臆测的谬误。中国土地辽阔，地名相同的很多，有人就因此纠缠不清，这是纠缠的错误。古书中称某地和某地相近，往往考诸实际，相距却是甚远。例如：诸葛亮五月渡泸一事，是大家普通知道的，泸水就是现今金沙江，诸葛亮所渡的地，就是现在四川宁远。后人因为唐代曾在四川置泸州，大家就以为诸葛亮五月渡泸，是在此地，其实相去千里，岂非大错吗？这是意会的错误。至于河阴、河阳当在黄河南北，但水道已改，地名还是仍旧，也容易舛错的。

我在上节曾讲过通小学，现在又讲到明地理，本来还有典章制度也是应该提出的。所以不提出者，是因各朝的典章制度，史书上多已载明，无以今证古的必要，我们看那一朝史知道那一朝的典章制度就够了。

d 知古今人情的变迁

社会更迭地变换，物质方面继续地进步，那人情风俗也随着变迁，不能拘泥在一种情形的。如若不明白这变迁的理，要产生两种谬误的观念。

一、道学先生看做道德是永久不变，把古人的道德，比做日月经天，江河行地，墨守而不敢违背。

二、近代矫枉过正的青年，以为古代的道德是野蛮道德。

原来道德可分二部分：普通伦理和社会道德，前者是不变的，后者是随着环境变更的。当政治制度变迁的时候，风俗就因此改易，那社会道德是要适应了这制度这风俗才行。古今人情的变迁，有许多是我们应该注意的。

第一，封建时代的道德，是近于贵族的；郡县时代的道德，是近于平民的，这是比较而说的。《大学》有“欲治其国者先齐其家”一语，传第九章里有“其家不可教而能教人者无之”一语，这明是封建时代的道德。我们且看唐太宗的历史，他的治国，成绩却不坏，世称贞观之治，但他的家庭却糟极了，杀兄、纳弟媳，这岂不是把《大学》的话根本打破吗？要知古代的家和后世的家大不相同，古代的家，并不只包含父子夫妻兄弟……这等人，差不多和小国一样，所以孟子说千乘之家、百乘之家。在那种制度县之下，《大学》里的话自然不错，那不能治理一县的人，自然不能治理一省了。

第二，古代对于保家的人，不管他是否尸位素餐，都很恭维。史家论事，对于那人因为犯事而灭家，不问他所做的是否正当，都没有一句褒奖。《左传》已是如此，后来《史》《汉》也是如此。晁错倡议灭七国，对于汉确是尽忠，但因此夷三族，就使史家对他生怪了。大概古代爱家和现代爱国的概念一样，那亡家也和亡国一样，所以保家是大家同情的。这种观念，到汉末已稍稍衰落，六朝又复盛了。

第三，贵族制度和现在土司差不多，只比较的文明一些。凡在王家的人，和王的本身一样看待，他的兄弟在王去位的时代都有承袭的权利。我们看《尚书》到周公代成王摄政，觉得很可怪，他在摄政时代，也俨然称王。在《康诰》里有“王若曰孟侯朕其弟小子封”的话，这王明是指周公。后来成王年长亲政，他又可以把王号取消。《春秋》记隐公、桓公的事，也是如此。这种摄政可称王，退位可取消的情形，到后世便不行。后世原也有兄代弟位的，如明英宗被掳，景泰帝代行政事等，但代权几年，却不许称王，既称王却不许取消的。宋人解释《尚书》，对于这些没有注意到，所以强为解释，反而愈释愈使人不能解了。

第四，古代大夫的家臣和天子的诸侯一样，凡是家臣对于主人有绝对服从的义务。这种制度，西汉已是衰落一些，东汉又复兴盛起来。功曹、别驾都是州郡的属官，这种属官，既要奔丧，还要服丧三年，俨有君臣之分。三国时代的曹操、刘备、孙权，他们虽未称王，但他属下的官对于他都是皇帝一般看待的。

第五，丁忧去官一件事在汉末很通行，非但是父母三年之丧要丁忧，就是兄弟姊妹期功服之丧也要丁忧。陶渊明诗有说及奔妹丧的，潘安仁悼亡诗也有说及奔丧的，可见丁忧的风，在那时很盛。唐时此风渐息。到明代把他定在律令，除了父母丧不必去官。

总之，道德本无所谓是非，在那种环境里产生适应的道德，在那时如此便够了。我们既不可以古论今，也不可以今论古。

e 辨文学应用

文学的派别很多，梁刘勰所著《文心雕龙》一书，已明白罗列，关于这项，将来再仔细讨论，现在只把不能更改的文体讲一讲。

文学可分二项：有韵的谓之诗，无韵的谓之文。文有骈体、散体的区别，历来两派的争执很激烈。自从韩退之崛起，推翻骈体；后来散体的声势很大，宋人就把古代经典都是散体，何必用骈体做宣扬的旗帜。清代阮芸台起而推倒散体，抬出孔老夫子来，说孔子在《易经》里所著的《文言》《系辞》，都是骈体的。实在这种争执，都是无谓的。

依我看来，凡简单叙一事不能不用散文，如兼叙多人多事，就非骈体不能提纲。以《礼记》而论，同是周公所著，但《周礼》用骈体，《仪礼》却用散体，这因事实上非如此不可的。《仪礼》中说的是起居跪拜之节，要想用骈

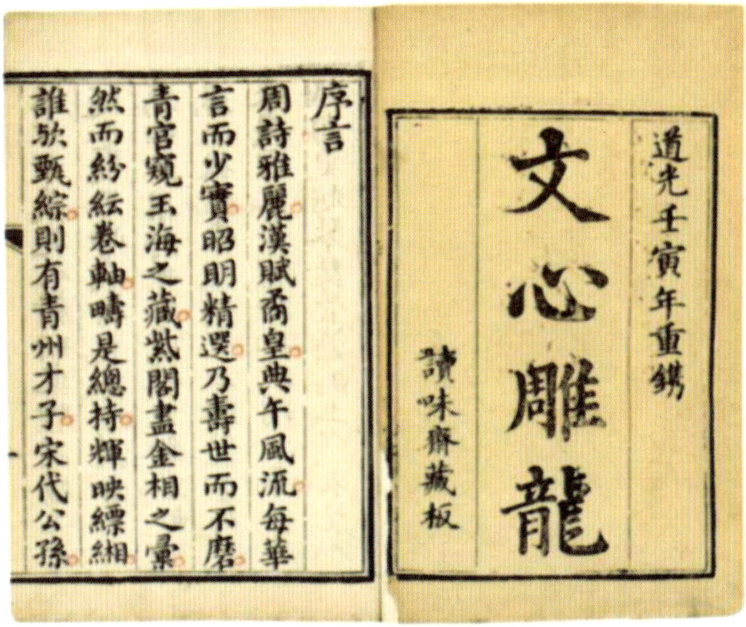
道光壬寅年重鐫
文心雕龍
讀味齋藏板

序言
周詩雅麗漢賦喬皇典午風流每華
言而少實昭明精選乃壽世而不磨
青宫窺玉海之藏紫閣盡金相之彙
然而紛紜卷軸疇是總持輝映縹緗
誰欤甄綜則有青州才子宋代公孫

也无从下手。更如孔子著《易经》用骈，著《春秋》就用散，也是一理。实在散、骈各有专用，可并存而不能偏废。凡列举纲目的以用骈为醒目，比如我讲演国学列举各项子目，也便是骈体。秦、汉以后，若司马相如、邹阳、枚乘等的骈文，了然可明白，他们用以序叙繁杂的事，的确是不错。后来诏诰都用四六，判案亦有四六的——唐、宋之间，有《龙筋凤髓判》——这真是太无谓了。

凡称之为诗，都要有韵，有韵方能传达情感。现在白话诗不用韵，即使也有美感，只应归入散文，不必算诗。日本和尚娶妻食肉，我曾说他们可称居士等等，何必称做和尚呢？诗何以要有韵呢？这是自然的趋势。诗歌本来脱口而出，自有天然的风韵，这种韵，可达那神妙的意思。你看，动物中不能言语，他们专以幽美的声调传达彼等的感情，可见诗是必要有韵的。“诗言志，歌永言，声依咏，律和声”，这几句话，是大家知道的，我们仔细讲起来，也证明诗是必要韵的。我们更看现今戏子所唱的二黄西皮，文理上很不通，但彼等也都有韵的原故。

白话记述，古时素来有的。《尚书》的《诏》《诰》全是当时的白话；汉代的手诏，差不多亦是当时的白话；经史所载更多照实写出的。《尚书·顾命》篇有“奠丽陈教则肄肄不违”一语，从前都没能解这两个“肄”字的用意，到清代江良庭始说明多一肄字，乃直写当时病人垂危舌本强大的口吻。《汉书》记周昌“臣期期不奉诏”“臣期期知其不可”等语，两“期期”字也是直写周昌口吃。但现在的白话文只是使人易解，能曲传真相却也未必。语录皆白话体，原始自佛家，宋代名儒如二程、朱、陆亦皆有语录。但二程为河南人，朱子福建人，陆象山江西人，如果各传真相，应所纪各异，何以语录皆同一体例呢？我尝说，假如李石曾、蔡孑民、吴稚晖三先生会谈，而令人笔录，则李讲官话，蔡讲绍兴话，吴讲无锡话，便应大不相同，但记成白话文却又一样。所以说白话文能尽传口语的真相，亦未必是确实的。

第二章　国学的派别（一）

——经学的派别——

讲“国学”而不明派别，将有望洋兴叹、无所适从之感。但“国学”中也有无须讲派别的，如历史学之类；也有不够讲派别的，则为零碎的学问。现在只把古今学者呶呶争辩不已的，分三类讨论：一、经学之派别；二、哲学之派别；三、文学之派别。依顺序先研究经学之派别。

“六经皆史也”，这句话详细考察起来，实在很不错。在六经里面，《尚书》《春秋》都是记事的典籍，我们当然可以说他是史；《诗经》大半部是为国事而作：《国风》是歌咏各国的事，《雅》《颂》是讽咏王室的，像歌谣一般的，夹入很少，也可以说是史；《礼经》是记载古代典章制度的：《周礼》载官制，《仪礼》载仪注，在后世本是史的一部分；《乐经》虽是失去，想是记载乐谱和制度的典籍，也含史的性状。只有《易经》一书，看起来像是和史没关，但实际上却也是史。太史公说：“《易》本隐以之显，《春秋》推见以至隐。”引申他的意思，可以说《春秋》是胪列事实，中寓褒贬之意；《易经》却和近代社会学一般，一方面考察古来的事迹，得着些原则，拿这些原则，可以推测现在和将来。简单说起来，《春秋》是显明的史，《易经》是蕴着史的精华的。因此可见六经无一非史。后人于史以外，别立为经，推尊过甚，更有些近于宗教。实在周末还不如此，此风乃起于汉时。

秦始皇焚书坑儒，六经也遭一炬，其后治经者遂有今文家古文家之分。今文家乃据汉初传经之士所记述的。

现在要讲今文家，先把今文家的派别，立一简单的表：

- 今文家
  - 《易》——田何
    - 施
    - 孟——京
    - 梁丘
  - 《书》——伏生
    - 欧阳
    - 大夏侯
    - 小夏侯
  - 《诗》
    - 申公——（鲁）
    - 辕固——（齐）——翼奉
    - 韩婴——（韩）
  - 《礼》——（《仪礼》）——高堂生
    - 大戴
    - 小戴
  - 《春秋》
    - 《公羊》——胡毋生——董仲舒
      - 严
      - 颜
    - 《谷梁传》——瑕丘江公

汉初，田何传《易经》，伏生口授《尚书》，齐、鲁、韩三家治《诗经》，高堂生传《礼经》，胡毋生治《公羊》，瑕丘江公治《谷梁》，那时除了《乐经》以外，五经都已完备。后来《易》分四家，《诗》《书》各分三家，《礼》分二家，《公羊》分二家。汉室设学官，立十四博士——《谷梁》不在内——即以上十四家。十四博士在汉初还没十分确定，在西汉末年才确定下来。

今文家所讲的，虽非完全类乎宗教，但大部分是倾向在这一面的。《易》四家中，施和梁丘二家，我们已不能见，且莫论他；京氏治《易》，专重卜筮，传至汉末虞翻，则更多阴阳卜筮之说。《尚书》三家中欧阳也不可考，大小夏侯则欢喜讲《洪范》五行之说，近于宗教；汉人治《尚书》，似乎最欢喜《洪范》篇。《诗经》三家中，申公所说，没甚可怪；《韩诗外传》——《内传》已失——也没甚可怪的地方；惟翼奉治《诗》，却拿十干十二支比附《诗经》了。高堂生的《仪礼》，已不可知；大小戴中——现在所谓二戴，非汉时的大小戴——也不少离奇的话。《公羊》的记载，虽和事实相差很远，还没甚可怪，但治《公羊》的今文家，却奇怪极了。胡毋生的学说，我们已不能见，即颜、严二家的主张也无从考出，但董仲舒的《春秋繁露》，却多怪话。汉末何休注《公羊》，不从颜、严二家之说，自以为是胡毋生嫡派，他的怪话最多，照他说来，直是孔子预知汉室将兴而作《春秋》，简直是为汉预制宪法，所以那时有“《春秋》为汉制法”的话。孔子无论是否为预言家，孔子何至和汉家有这深厚的感情呢？

汉代学者以为古代既有“经”必有“纬”，于是托古作制，造出许多“纬”来；同时更造“谶”。当时纬书，种类繁多，现在可查考的只有《易纬》八种。明孙珏《古书微》中辑有纬书很多。《易纬》所讲的是时令节气，仅如《月令》之类。《春秋纬》载孔子著《春秋》《孝经》告成，跪告天，天生彩云，下赐一玉等语，便和耶稣创世纪相类了。谶是《河图》一类的书，专讲神怪，说能先知未来，更近于宗教了。纬书西汉末年才出现，大概今文学家弟子迎合当时嗜好推衍出来的。

经有兼今古文的，也有无今文而有古文的，也有无古文而有今文的。汉代古文学家，可以列如下表：

古文家
- 《易》——费氏
- 《书》——孔氏
- 《诗》——毛氏
- 《礼》——桓公（据刘歆语）
- 《春秋》——左氏

《仪礼》当时称为《士礼》，在古文今文，只为文字上的差别。《周礼》在汉初不以为经典，东汉始有杜子春和二郑替彼注释。此外今古文便各自为别了。

今古文的区别，本来只在文字版本上。因为六经遭秦火，秦代遗老就所能记忆的，用当代语言记出，称为今文；后来从山崖屋壁发见古时原本，称为古文，也不过像近代今版古版的分别罢了。但今文所记忆，和古文所发现的篇幅的多少，已有不同；今文家所主张和古文家所说，根本上又有不同，因此分道扬镳。古文家异于今文家之点，在下文细说：

一、《易》以费氏为古文家，是刘向定的，因为刘向校书时，就各家《易经》文字上看，只有费氏相同，所以推为古文家。以《易》而论，今古文也还只文字上的不同。

二、鲁恭王发孔壁得《尚书》，《尚书》的篇数就发生问题。据《书传》——太史公曰：“《书传》《礼记》自孔氏。”可见孔安国家藏《书传》，确自孔壁得来。——称《书序》有百篇。而据伏生所传只有二十九篇（可分为三十四篇）；壁中所得却有四十六篇（可分为五十八篇），相差已十七篇。并且《书传》所载和今文更有许多不同的地方。孟子是当时善治《诗》《书》的学者，他所引的“葛伯求饷”“象日以杀舜为事”等等，在今文确是没有的，可见事实上又不同了。

三、《诗》因叶韵易于记忆，当时并未失传，本无今古文之分。毛氏所传《诗》三百十一篇，比三家所传多《笙诗》六篇，而所谓《笙诗》也只有名没有内容的。《毛诗》所以列于古文，是立说不同。他的立说，关于事实和《左传》相同，关于典章制度和《周礼》相同，关于训诂，又和《尔雅》同的。

四、郑康成注《仪礼》，并存古今文，大概高棠生传十七篇和古文无大出入。孔壁得《礼》五十六篇，比高棠生多三十九篇。这三十九篇和今文中有大不同之点：今文治《礼》，是“推士礼致于天子”，全属臆测的；此三十九篇却载士以上的礼很多。二戴的主张，原不可考，但晋人贺循引《礼》，是我们可据以为张本的。

五、“左氏多古文古言”，《汉书·艺文志》说：《左氏传》是张苍所献。贾谊事张苍，习《左氏传》，所以贾谊《新书》引《左氏传》的地方很多。《左氏传》的事实，和《公羊》多不相同。《谷梁》中事实较《公羊》确实一些，也和《左氏》有出入。至经文本无不同，但《公羊》《谷梁》是十一篇，《左氏》有十二篇，因《公》《谷》是附闵于庄的。闵公只有三年，附于庄公原无大异。但何休解《公羊》，却说出一番理由来，以为“孝子三年无改于父道”，故此附闵于庄了。

六、《周礼》，汉时河间献王向民间抄来，马融说是“出自山崖屋壁”的。这书在战国时已和诸侯王的政策不对，差不多被毁弃掉，所以孟子说：“其详不可得闻也；诸侯恶其害已也，而皆去其籍。”《荀子》中和《周礼》相合的地方很多，或者他曾见过。孟子实未见过《周礼》，西汉人亦未见过，《礼记·王制》篇也和《周礼》不同。孟子答北宫锜说“公侯皆方百里，伯七十里，子男五十里”，《周礼》却说是“公五百里，侯四百里，伯三百里，子二百里，男一百里”。《王制》讲官制是“三公，九卿，二十七大夫，八十一元士”。但古代王畿千里，几和现在江苏一般大小，这一百二十个官员，恐怕不够吧！《周礼》称有三百六十官，此三百六十官亦为官名而非官缺，一官实不止一人，如就府吏胥徒合计，当时固有五万余员。

又有在汉时称为传记的，就是《论语》和《孝经》二书。《论语》有“古论”“齐论”“鲁论”之分，“古论”是出自孔氏壁中的。何晏治《论语》参取三家，不能分为古今文。不过王充《论衡》称《论语》“古论”有百多篇，文字也难解，删繁节要也有三十篇。而何晏说：鲁《论语》二十篇；齐《论语》别有《问王》《知道》等，凡二十二篇；“古论”出孔氏壁中，分《尧曰》下章《子张问》以为一篇，凡二十一篇。篇数上又有出入。《汉书·艺文志·论语家》有《孔子家语》及《孔子徒人图法》二书，太史公述仲尼弟子，曾提及《弟子籍》一书，三十篇中或者有以上三书在内。《孝经》在《汉书·艺文志》也说出自孔壁，汉代治《孝经》的已无可考，我们所见的是唐玄宗的注释。又有《论语谶》《孝经谶》二书，怪语很多，可存而不论。

宋代所称十三经是合《易》《尚书》《周礼》《仪礼》《礼记》《诗》《左传》《公羊》《谷梁》《论语》《孝经》《孟子》《尔雅》而说的，这只是将诸书汇刻，本无甚深义，后人遂称为十三经了。《汉书·艺文志》扩充六艺为九种，除《易》《诗》《书》《礼》《乐》《春秋》为六艺外，是并《论语》《孝经》、小学在内的。

汉代治经学，崇尚今文家的风气，到了汉末三国之间，渐趋销熄。汉末郑康成治经，已兼重古文和今文；王肃出，极端的相信古文。在汉代没曾立学官的，三国也都列入学官，因此今文家衰，古文家代兴。

三国时古文家的色彩很鲜明，和汉代有不可混的鸿沟：

《诗》——汉用三家，三国时尚毛氏。

《春秋》——汉用《公羊》，三国时尚《左氏》。

《易》——汉有施、孟、梁丘、京四家；三国只崇尚郑康成和王弼的学说。

《仪礼》——没有大变更。

《周礼》——汉不列学官，三国列入学官。

学者习尚既变，在三国、魏、晋之间，所有古文家学说，都有人研究；就是从前用今文家的，到此时也改用古文家了。

古文家盛行以后，自己又分派别，以《易》而论，王弼主费氏，郑康成也主费氏，各以己意注释，主张大有不同，因为费氏只是文字古体，并无他的学说的。治《毛诗》的有郑康成、王肃，意见有许多相反。治《左传》的，汉末有服虔——只解《传》不解《经》的——晋有杜预，两家虽非大不同，其中却也有抵触之处。原来汉人治《左氏》，多引《公羊》，并由《公羊》以释经，自己违背的地方很多。杜预《春秋释例》将汉人学说一一驳倒，在立论当中，又有和服虔的主张相反的。《尚书》郑康成有注，郑本称为古文的，但孔安国古本已失，郑本也未必是可靠。我们就和马融、郑康成师生间的立说不同，文字不同，也可明白了。东晋时梅颐的《伪古文尚书》出，托名孔安国，将《汉书·艺文志》所称正十八篇推衍出来，凡今文有的，文字稍有变更，今文所无的，就自己臆造。这书当时很有人信他。

南北朝时南北学者的倾向颇有不同：

《易》——北尊王弼，南尊郑康成。

《毛诗》——南北无十分异同。

《左传》——北尊服虔，南尊杜预。

《尚书》——北尊郑康成，南用《伪古文尚书》。

唐初，孔颖达、贾公彦出而作注疏，产生五经七经的名称。五经是孔颖达所主张的，贾公彦益以《周礼》《仪礼》就称七经，后更附以《公羊》《谷梁》——《公羊》用何休，《谷梁》用范甯——就是唐人通称的九经。孔颖达，曲阜人，当时北方人多以为北不如南，所以他作注疏多采用南方；因此《易》不用王而用郑，《左》不用服而用杜了。唐人本有“南学”“北学”之分，后来北并于南，所有王弼、服虔的学说，因此散失无遗。

唐代轻学校而重科举，取士用明经进士二科——明经科讨论经典，进士科策论应试——学者对于孔氏的学说不许违背，因此拘束的弊病和汉代立十四博士不相上下，并且思想不能自由，成就很少，孔、贾而外，竟没有卓异的经学家了。

《仪礼·丧服》是当时所实用的，从汉末至唐，研究的人很多并且很精，立说也非贾《疏》所能包，这是特例。

宋代典章制度，多仍唐时之旧，宋人拘守唐人的注疏，更甚于唐人，就是诗赋以经命名的，也不许抵触孔、贾的主张。当时有人作“当仁不让于师赋”，将“师”训作“众”，就落第了。邢昺作《论语》《孝经》疏，拘守孔、贾所已引用的，已是简陋，那些追随他们的后尘的，更是陋极。宋代改明经科为学究科，这“学究”两字是他们无上的诨号。

在思想不能自由发展环境之下，时势所趋，不能不有大变动，因此宋代学者的主张就和以前趋于相反的方向了。揭反向旗帜的人，首推孙复，他山居读书，治《春秋》以为三《传》都不可靠。这种主张，在唐人已有赵匡、啖助创议于先，孙不过推衍成之。继孙复而起是欧阳修，他改窜《诗经》的地方很多，并疑《易》的《系辞》非出自孔氏，立说之中很多荒谬，因为他本是文人，非能说经的。同时有刘敞（字原甫），说经颇多，著有《七经小传》，原本今虽不存，但从别书考见他的主张，虽和注疏背驰，却不是妄想臆测。神宗时王安石治经，著有《三经新义》，当时以为狂妄，原书已难考见，但从集中所引用的看来，也不见得比欧阳修更荒谬；想是宋人对于王安石行为上生怨恶，因此嫌弃他的学说。王的学说，传至弟子吕惠卿辈，真是荒谬绝伦。后来黄氏有《缃素杂记》，把《诗经》看作男女引诱的谈论，和《诗经》的本旨就相去千里了。

宋儒治经以意推测的很多，南宋朱文公凭他的臆测酿成很多谬误。朱氏治经，有些地方原有功于经，但是过不能掩功，现且分别指明：

一、《易经》本为十二篇，郑、王合“彖辞”于经，已非本来面目，朱氏分而出之，是他的功。他取陈抟的《河图洛书》并入《易经》，《河图洛书》由陈抟传至邵康节，再传至朱文公，他就列入《易经》。有清王懋竑为朱文公强辩，谓《河图洛书》非朱文公所列，那就太无谓了。因为朱文公对于道士炼丹之术，很有些相信，他曾替《参同契》，汉时道家这书作注释，在书上署名空同道士邹炘。“邹”“朱”双声，“炘”“熹”通训，他的本名已隐在里面了，这是他的过。分《易》是还原，为功很小，增《河图洛书》是益迷信，过很大，可以说是功不掩过。

二、朱文公从文章上怀疑《伪古文尚书》，开后人考据的端绪，是他的功。他怀疑《书序》——今文所无古文所有——也是伪托，他的弟子蔡沈作《集传》，就不信《书序》，是他的过。这可说是功过相当。

三、古人作诗托男女以寓君臣，《离骚》以美人香草比拟，也同此意。朱文公对于《诗序》——唐时《本事诗》相类——解诗指为国事而作，很不满意，他迳以为是男女酬答之诗，这是不可掩的过。当时陈傅良反对朱文公，有“城阙为偷期之所，彤管为行淫之具”等语——不见于今《诗传》，想已删去。清人亦有指斥朱文公释《丘中有麻》诗为女人含妒意为不通者。

与朱文公同时有吕东莱治《毛诗》很精当，却不为时人所重。元代朱子学说大行，明代更甚，在这二代中，经学一无足观，士子受拘束也达极点，就激成清代的大反动。

清初毛奇龄西河首出反对朱子的主张，毛为文人，于经没彻底的研究，学说颇近王阳明，他驳斥朱子的地方固精当，他自己的主张，和朱子一般荒谬。朱子注四子书，也有援引原盱的，毛也一并指斥无余了。继起为胡渭（朏明），他精研地理，讲《禹贡》甚精当，对于《河图洛书》有重大的抨击。在那时双方各无所根据，凭主观立论，都不能立在不败之地，汉学便应运而起。

阎若璩力攻古代书籍已和汉学接近，不过对于朱子，不十分叛离，有许多地方仍援用朱说的。后江慎修出，对于音础有研究，也倾向到汉学，但未揭明汉学的旗帜。

揭汉学旗帜的首推惠栋（定宇）——苏州学派——他的父亲惠士奇著《礼说》《春秋说》已开其端，定宇更推扬之，汉学以定。他所谓汉学，是摈斥汉以下诸说而言。惠偏取北学，著有《九经古义》《周易述》《明堂大道录》等书，以《周易述》得名。后惠而起有戴震（东原），他本是江永的弟子，和惠氏的学说不十分相同，他著有《诗经小传》等书，不甚卓异。

就惠、戴本身学问论，戴不如惠，但惠氏不再传而奄息，戴的弟子在清代放极大异彩，这也有二种原因：

甲，惠氏墨守汉人学说，不能让学者自由探求，留发展余地。戴氏从音韵上辟出新途径，发明“以声音合文字，以文字考训诂”的法则，手段已有高下。

乙，惠氏揭汉学的旗帜，所探求的只是汉学，戴氏并非自命为汉学，叫人从汉学上去求新的发见，态度上也大有不同。

戴氏的四弟子，成就都很多。戴氏不过形似汉学，实际尚含朱子的臭味，他的弟子已是摈除净尽了。今将其四弟子分别说明如下：

一、孔广森讲音韵极精，著有《诗声类》一书。

二、任大椿著有《弁服释例》一书，很确实的。

三、段玉裁以《六书音韵表》《说文解字注》闻名。

四、王念孙本非戴传经的学生，戴在王家教授时，只不过教授些时文八股，王后来自有研究，所发明的比上列三家较多，《广雅疏证》一书，很为学者所重。

上列四家，孔、任尚近汉学，段已和汉学不同，王才高学精，用汉学以推翻汉学，诚如孟之所谓“逢蒙学射于羿，尽羿之道，于是杀羿”了。

王念孙及其子引之著《经义述闻》，引用汉代训诂，善于调换，于诸说中采其可通者，于是诘屈聱牙的古书，一变而为普通人所能懂得了。历来研究经学的，对于名词动词有人研究，关于助词，都不知讨论。王氏父子著《经传释词》，于古书助词之用法，列举无遗，实于我们研究上有莫大的便利。如《孟子》中“然而无有乎尔，则亦无有乎尔”二句，本不易解，王氏训“乎尔”为“于此”“于彼”，便豁然可悟了。我以我们不看《经传释词》，也算是虚词不通。

上列二派，在清代称为汉学，和宋学对立，厥后崛起的为常州派，是今文学家。

常州派自庄存与崛起，他的外甥刘逢禄、宋翔凤承继他的学说。庄氏治《公羊》，却信东晋《古文尚书》，并习《周礼》；刘氏亦讲《公羊》，却有意弄奇，康有为的离奇主张，是从他的主张演绎出来的，但他一方面又信《书序》——这两人不能说纯粹的今文学家。宋氏以《公羊》治《论语》，极为离奇，“孔教”的促成，是由他们这一班人的。今文学家的后起，王闿运、廖平、康有为辈一无足取，今文学家因此大衰了。

今文学家既衰，古文学家又起，孙诒让是一代大宗，《周礼正义》一书，颇为学者所重。在他以外，考典章制度原有江永、惠士奇（作《礼说》）、金榜（著《礼笺》）、金鹗（作《求古录》）、黄以周（著《礼书通故》）等人，但和他终有上下床之别。自孙诒让以后，经典大衰。像他这样大有成就的古文学家，因为没有卓异的今文学家和他对抗，竟因此经典一落千丈，这是可叹的。我们更可知学术的进步，是靠着争辩，双方反对愈激烈，收效方愈增大。我在日本主《民报》笔政，梁启超主《新民丛报》笔政，双方为国体问题辩论得很激烈，很有色彩，后来《新民丛报》停版，我们也就搁笔，这是事同一例的。

自汉分古今文，一变而为南北学之分，再变而为汉宋学之分，最后复为今古文，差不多已是反原。经典的派别，也不过如此罢。

第三章 国学的派别（二）

——哲学的派别——

“哲学”一名词，已为一般人所通用，其实不甚精当，“哲”训作“知”，“哲学”是求知的学问，未免太浅狭了。不过习惯相承，也难一时改换，并且也很难得一比此更精当的。南北朝号“哲学”为“玄学”，但当时“玄”“儒”“史”“文”四者并称，“玄学”别“儒”而独立，也未可用以代“哲学”。至宋人所谓“道学”和“理学”是当时专门名词，也不十分适用。今姑且用“哲学”二字罢。

讨论哲学的，在国学以子部为最多，经部中虽有极少部分与哲学有关，但大部分是为别种目的而作的。以《易》而论，看起来像是讨论哲学的书，其实是古代社会学，只《系辞》中谈些哲理罢了。《论语》，后人称之为经，在当时也只算是子书，此书半是伦理道德学，半是论哲理的。九流的成立，也不过适应当时需求，其中若纵横家是政客的技术，阴阳家是荒谬的迷信，农家是种植的技艺，杂家是杂乱的主张，都和哲学无关。至和哲学最有关系的，要算儒、道二家，其他要算法家、墨家、名家了。道家出于史官，和《易》相同；老、庄二子的主张，都和哲学有牵涉的；管子也是道家，也有小部分是和哲学有关的。儒家除《论语》一书外，还有《孟子》《荀子》都曾谈谈哲理。名家是治“正名定分之学”，就是现代的论理学，可算是哲学的一部分；尹文子、公孙龙子和庄子所称述的惠子，都是治这种学问的。惠子和公孙龙子主用奇怪的论调，务使人为我所驳倒，就是希腊所谓诡辩学派。《荀子·正名篇》，研究名学也很精当。墨子本为宗教家，但《经上》《经下》二篇，是极好的名学。法家本为应用的，而韩非子治法家之学，自谓出于老子，他有《解老》《喻老》二篇，太史公也把他和老庄合传，其中有一部分也有关哲理的。儒家、道家和法家的不同，就在出发点上，儒、道二家是以哲理为基本而推衍到政治和道德的，法家是旁及哲理罢了。他如宋钘，《汉书·艺文志》把他归在小说家，其实却有哲理的见解。庄子推宋钘为一家，《荀子·解蔽篇》驳宋钘的话很多，想宋钘的主张，在当时很流行，他是主张非兵的。宋钘所以算做小说家，因为他和别家不同，别家是用高深的学理，和门人研究，他是逢人便说，陈义很浅的。

周、秦诸子，道儒两家所见独到，这两家本是同源，后来才分离的。《史记》载孔子受业于征藏史，已可见孔子学说的渊源。老子道德的根本主张，是“上德不德”，就是无道德可见，才可谓之为真道德；孔子的道德主张，也和这种差不多。就是孟子所谓“由仁义行，非行仁义也”，也和老子主张一样的。道儒两家的政治主张，略有异同：道家范围大，对于一切破除净尽；儒家范围狭小，对于现行制度，尚是虚与委蛇。也可以说是“其殊在量，非在质也”。老子为久远计，并且他没有一些名利观念，所以敢放胆说出；孔子急急要想做官，竟是“三月无君，则皇皇如也”，如何敢放胆说话呢！

儒家之学，在韩非子《显学》篇说是“儒分为八”，有所谓颜氏之儒。颜回是孔子极得意门生，曾承孔子许多赞美，当然有特别造就。但《孟子》和《荀子》是儒家，记载颜子的话很少，并且很浅薄。《庄子》载孔子和颜回的谈论却很多，可见颜氏的学问，儒家没曾传，反传于道家了。《庄子》有极赞孔子处，也有极诽谤孔子处，对于颜回，只有赞无议，可见《庄子》对于颜回是极佩服的。《庄子》所以连孔子要加抨击，也因战国时学者托于孔子的很多，不如把孔子也驳斥，免得他们借孔子作护符。照这样看来，道家传于孔子为儒家，孔子传颜回，再传至庄子，又入道家了。至韩退之以庄子为子夏门人，因此说庄子也是儒家，这是“率尔之论，未尝订入实录”。他因为庄子曾称田子方，遂谓子方是庄子的先生，那，《让王》篇也曾举曾原、则阳、无鬼、庚桑诸子，也都列名在篇目，都可算做庄子的先生吗？

孟子，《史记》说他是“受业子思之门”；宋人说子思是出于曾子之门，这是臆测之词，古无此说。《中庸》中虽曾引曾子的话，也不能断定子思是出于曾子的。至谓《大学》是曾子所作，也是宋人杜撰，不可信的。子思在《中庸》所主张，确含神道设教的意味，颇近宗教，孟子却一些也没有。荀子《非十二子篇》，对于子思、孟子均有诽议，说他们是信仰五行的。孟子信五行之说，今已无证据可考，或者外篇已失，内篇原是没有这种论调的。子思在《礼记》中确已讲过五行的话。

荀子的学问，究源出何人，古无定论。他尝称仲尼、子弓，子弓是谁，我们无从考出。有人说：子弓就是子张；子张在孔子门人中不算卓异的人才，如何会是他呢？今人考出子弓就是仲弓，这也有理。仲弓的学问，也为孔子所赞许，造就当有可观。郑康成《六艺论》说仲弓是编辑《论语》的，而《荀子》一书，体裁也是仿效《论语》的。《论语》以《学而》始，以《尧曰》终；荀子也以《劝学》始，以《尧问》终，其中岂非有蛛丝马迹可寻吗？荀子和孟子虽是都称儒家，而两人学问的来源大不同。荀子是精于制度典章之学，所以“隆《礼仪》而杀《诗》《书》”，他书中的《王制》《礼论》《乐论》等篇，可推独步。孟子通古今，长于《诗》《书》，而于礼甚疏，他讲王政，讲来讲去，只有“五亩之宅，树之以桑；鸡豚狗彘之畜，无失其时；百亩之田，勿夺其时”等话，简陋不堪，那能及荀子的博大！但孟子讲《诗》《书》，的确好极，他的小学也很精，他所说“庠者，养也；洚水者，洪水也；畜君者，好君也”等等，真可冠绝当代！由他们两人根本学问的不同，所以产生“性善”“性恶”两大反对的主张。在荀子主礼仪，礼仪多由人为的，因此说人性本恶，经了人为，乃走上善的路。在孟子是主《诗》《书》，《诗》是陶淑性情的，《书》是养成才气的，感情和才气都自天然，所以认定人性本善的。两家的高下，原难以判定。韩退之以大醇小疵定之，可谓鄙陋之见。实在汉代治儒家之学，没有能及荀、孟两家了。

告子，庄子说他是兼学儒、墨，孟子和他有辩驳，墨子也排斥他的“仁内义外”的主张；墨、孟去近百年，告子如何能并见？或者当时学问是世代相传的。告子的“生之为性，无善无不善”的主张，看起来比荀、孟都高一着。荀、孟是以所学定其主张，告子是超乎所学而出主张的。告子口才不及孟子，因此被孟子立刻驳倒。其实孟子把“犬之性犹牛之性，牛之性犹人之性与”一语难告子，告子也何妨说“生之为性，犬之生犹牛之生，牛之生犹人之生”呢？考“性”亦可训作“生”，古人所谓“毁不灭性”的“性”字，就是“生”的意义。并且我们也常说“性命”一语呢！

道家的庄子以时代论，比荀子早些，和孟子同时，终没曾见过一面。庄子是宋人，宋和梁接近，庄子和惠子往来，惠子又为梁相，孟子在梁颇久，本有会面的机会，但孟子本性不欢喜和人家往来，彼此学问又不同，就不会见了。

庄子自以为和老子不同，《天下》篇是偏于孔子的。但庄子的根本学说和老子相去不远。不过老子的主张，使人不容易捉摸，庄子的主张比较的容易明白些。

庄子的根本主张，就是“自由”“平等”，“自由平等”的愿望，是人类所共同的，无论哪一种宗教，也都标出这四个字。自由平等见于佛经，“自由”在佛经称为“自在”。庄子发明自由平等之义，在《逍遥游》《齐物论》二篇。“逍遥游”者，自由也；“齐物论”者，平等也。但庄子的自由平等，和近人所称的，又有些不同。近人所谓“自由”，是在人和人的当中发生的，我不应侵犯人的自由，人亦不应侵犯我的自由。《逍遥游》所谓“自由”，是归根结底到“无待”两字；他以为人与人之间的自由，不能算数；在饥来想吃、寒来想衣的时候，就不自由了。就是列子御风而行，大鹏自北冥徙南冥，皆有待于风，也不能算“自由”。真自由惟有“无待”才可以做到。近人所谓平等，是指人和人的平等，那人和禽兽草木之间，还是不平等的。佛法中所谓平等，已把人和禽兽平等。庄子却更进一步，与物都平等了。仅是平等，他还以为未足，他以为“是非之心存焉”尚是不平等，必要去是非之心才是平等。庄子临死有“以不平平，其平也不平”一语，是他平等的注脚。

庄子要求平等自由，既如上述。如何而能达到平等自由，他的话很多，差不多和佛法相近。庄子《庚桑楚》篇，朱文公说他全是禅，宋人凡关于佛法，皆称为禅——实在《庚桑楚》篇和“禅”尚有别，和“佛法”真很近了。庄子说“灵台者有持”，就是佛法的“阿陀那识”；“阿陀那”意即“持”。我们申而言之，可以说眼目口鼻所以能运动自由，都有“持之者”，即谓“持生之本也”。庄子又有《德充符》篇，其中有王骀者，并由仲尼称述他的主张；是否有此人，原不可知，或是庄子所假托的。我们就常季所称述“彼为己，以其知得其心；以其心得其常心”等语，是和佛法又相同的。“知”就是“意识”；“心”就是“阿陀那识”，或称“阿赖耶识”，简单说起来就是“我”；“常心”就是“庵摩罗识”，或称“真如心”，就是“不生不灭之心”。佛家主张打破“阿赖耶识”，以求“庵摩那识”。因为“阿赖耶识”存在，人总有妄想苦恼；惟能打破生命之现象，那“不生不灭之心”才出现。庄子求常心，也是此理。他也以为常心是非寻常所能知道的。庄子“无我”的主张，也和佛法相同。庄子的“无我”和孔子的“毋我”、颜子的“克己复礼”也相同，即一己与万物同化，今人所谓融“小我”于“大我”之中。这种高深主张，孟、荀见不到此，原来孔子也只推许颜回是悟此道的。所以庄子面目上是道家，也可说是儒家。

自孔子至战国，其间学说纷起，都有精辟的见解，真是可以使我们景仰的。战国处士横议，秦始皇所最愤恨，就下焚书坑儒等凶辣手段。汉初虽有人治经学，对于九流，依旧怀恨，差不多和现在一般人切齿政客一般。汉武帝时，学校只许读经学，排斥诸子百家了。

汉初经学，一无可取，像董仲舒、公孙弘辈，在当时要算通博之儒，其他更何足论！西汉一代，对于哲理有精深研究的，只有扬雄一人。韩退之把荀、扬并称，推尊他已达极点。实在扬雄的学说，和荀、孟相差已多；秦、汉以后的儒家，原没有及荀、孟的。不过扬雄在当时自有相当的地位和价值。西汉学者迷信极重，扬雄能够不染积习，已是高人一着。他的《法言》，全仿《论语》，连句调都有些模拟；但终究不及荀子。宋人说"荀子才高，扬子才短"，可称定评。

东汉学者迷信渐除，而哲理方面的发见仍是很少。儒家在此时渐出，王符《潜夫论》、王充《论衡》，可称为卓异的著述。王符专讲政治，和哲理无关。王充——也有归入杂家的——在《论衡》中几于无迷不破，《龙虚》《雷虚》《福虚》等篇，真是独具只眼。他的思想，锐敏已极，但未免过分，《问孔》《刺孟》等篇，有些过当之处。他又因才高不遇，命运一端，总看不破，也是遗恨。王充破迷信高出扬雄之上，扬雄新见解也出王充之上，这两人在两汉是前后辉映的。

汉人通经致用，最为曹操所不欢喜，他用移风易俗的方法，把学者都赶到吟咏一途，因此三国的诗歌，很有声色。这是曹操手段高出秦始皇处。

魏、晋两朝，变乱很多，大家都感着痛苦，厌世主义因此产生。当时儒家迂腐为人所厌，魏文帝辈又欢喜援引尧舜，竟要说"舜禹之事，吾知之矣"。所以竹林七贤便"非尧舜，薄汤武"了。七贤中嵇康、阮籍辈的主张和哲学没有关系，只何晏、王弼的主张含些哲学。何晏说："圣人无情。"王弼说："圣人茂于人者神明，同于人者五情。"这是两个重要的见解。郭象承何晏之说以解《庄子》，他说："子哭之恸，在孔子也不过人哭亦哭，并非有情的。"据他的见解，圣人竟是木头一般了。佛法中有大乘、小乘，习小乘成功，人也就麻木，习大乘未达到成佛的地位，依旧有七情的。

自魏晋至六朝，其间佛法入中国，当时治经者极少，远公是治经的大师。他非但有功佛法，并且讲《毛经》讲《仪礼》极精，后来治经者差不多都是他的弟子。佛法入中国，所以为一般人所信仰，是有极大原因：学者对于儒家觉得太浅薄，因此弃儒习老、庄，而老、庄之学，又太无礼法规则，彼此都感受不安；佛法合乎老、庄，又不猖狂，适合脾胃，大家认为非此无可求了。当时《弘明集》治佛法，多取佛法和老、庄相引证；才高的人，都归入此道，猖狂之风渐熄。

历观中国古代，在太平安宁之时，治哲学的极少，等到乱世，才有人研究。隋、唐统一天下，讲哲理的只有和尚，并且门户之见很深，和儒家更不相容。唐代读书人极不愿意研究，才高的都出家做和尚去，我们在这一代中，只能在文人中指出三人：一、韩昌黎，二、柳子厚，三、李翱。韩昌黎见道不明，《原道》一篇，对于释、老只有武断的驳斥。柳子厚较韩稍高，他以为天是无知的。李翱（韩昌黎的侄倩）是最有学识的文人，他著《复性篇》说“斋戒其心，未离乎情；知本无所思，则动静皆离”，和禅宗很近了。李后来事药山，韩后来事大颠，李和药山是意气相投，韩贬潮州以后，意气颓唐，不得已而习佛法的。韩习佛法，外面还不肯直认；和朋友通信，还说佛法外形骸是他所同意的。儒家为自己的体面计，往往讳言韩事大颠，岂不可笑！实在韩自贬潮州以后，人格就堕落，上表请封禅，就是献媚之举，和扬雄献《符命》有甚区别呢？大颠对于韩请封禅一事，曾说：“疮痍未起，安请封禅？”韩的内幕又被揭穿，所以韩对于大颠从而不敢违。韩对于死生利禄之念，刻刻不忘：登华山大哭，作《送穷文》，是真正的证据。韩、柳、李而外，王维、白居易也信佛，但主张难以考见，因为他们不说出的。七国、六朝之乱，是上流社会的争夺；五代之乱，是下流社会崛起，所以五代学术衰微极了。宋初赵普、李沆辈也称知理之人，赵普并且自夸“半部《论语》治天下”，那时说不到哲理。后来周敦颐出，才辟出哲理的新境域。在周以前有僧契嵩，著有《镡津文集》，劝人读《中庸》《文中子》、扬子《法言》等书，是宋学的渊源。周从僧寿崖，寿崖劝周只要改头换面，所以周所著《太极图说》《周子通书》，只皮相是儒家罢了。周的学说很圆滑，不易捉摸，和《老子》一般，他对二程只说：“寻孔颜乐处。”他终身寡言，自己不曾标榜，也可以说是道学以外的人。

二程都是周的弟子，对于“寻孔颜乐处”一话，恐怕只有程明道能做到。明道对人和颜悦色，无事如泥木人，他所著《定性篇》《识仁篇》，和李翱相近。他说“不要方检穷索”，又说“与其是外而非内，不如内外两忘”，见解是很精辟的。伊川陈义虽高，但他自尊自大，很多自以为是之处，恐怕不见得能得孔、颜乐处。邵康节以“生姜树头生”一语讥伊川，就是说他自信还甚。

邵康节本为阴阳家，不能说是儒家，他的学问自陈抟传来，有几分近墨子。张横渠外守礼仪颇近儒，学问却同于回教。佛家有“见病”一义，就是说一切所见都是眼病，张对此极力推翻，他是主张一切都是实有的。考回纥自唐代入中国，奉摩尼教，教义和回相近；景教在唐也已入中国，如清虚一大为天，也和回教相同；张子或许是从回教求得的。

北宋诸学者，周子浑然元气，邵子迷于五行，张子偏于执拗，二程以明道为精深，伊川殊欠涵养，这是我的判断。

南宋永嘉派承二程之学，专讲政治，金华派吕东莱辈，专讲掌故，和哲理无关。朱文公师事延平，承“默坐证心，体认天理”八字的师训。我们在

陆九渊像

此先把“天理”下一定义。“天”就是“自然”，“天理”就是“自然之理”。朱文公终身对于天理总没曾体认出来；生平的主张，晚年又悔悟了。陆象山和朱相反对，朱是揭“道学问”一义，陆是揭“尊德性”一义，比较起来，陆高于朱。陆“先立乎其大者”，谓“六经注我，我不注六经”，是主张一切皆出自心的。朱主张“无极太极”，陆则以为只有“太极”，并无“无极”的。两人通信辩论很多，虽未至诋毁的地步，但悻悻之气，已现于词句间。可见两人的修养，都没有功夫。陆象山评二程，谓“明道尚疏通，伊川锢蔽生”，实在朱、陆的锢蔽，比伊川更深咧。朱时守时变，陆是一生不变的。王荆公为宋人所最嫉恶，惟陆以与王同为江西人，所以极力称颂，也可见他的意气了。明王阳明之学，本高出陆象山之上，因为不敢自我作古，要攻讦朱文公，不得不攀附于陆象山了。

陆象山的学生杨慈湖（简），见解也比陆高，他所著的《绝四记》《己易》二书，原无甚精彩，《己易》中仍是陆氏的主张。但杨氏驳《孟子》“求放心”和《大学》“正心”的主张说：“心本不邪安用正；心不放安用求。”确是朱、陆所见不到的。黄佐——广东人——指杨氏的学说，是剽窃六祖惠能的主张。六祖的“菩提本非树，明镜亦非台。本来无一物，何处染尘埃”一偈，确是和杨氏的主张一样的。

宋代的哲学，总括说起来：北宋不露锋芒，南宋锋芒太露了，这或者和南北地方的性格有关。

南宋朱、陆两派，可称是旗鼓相当。陆后传至杨慈湖，学说是更高一步；在江西，陆的学说很流行；浙西也有信仰他的。朱的学说，在福建很流行，后来金华学派归附于他，浙东士子对朱很有信仰。

元朝，陆派的名儒，要推吴澄（草庐），但其见解不甚高。朱派仅有金华派传他的学说，金履祥（仁山）、王柏（会之）、许谦（白云），是这一派底巨擘。金履祥偶亦说经，立论却也平庸；许谦也不过如此；王柏和朱很接近，荒谬之处也很多，他竟自删《诗》了。

金华派传至明初，宋濂承其学，也只能说他是博览，于经于理，都没有什么表见。宋之弟子方孝孺（正学）对于理学很少说，灭族以后，金华派也就式微。明初，陆派很不流行，已散漫不能成派，这也因明太祖尊朱太过之故。

明自永乐后，学者自有研究，和朱、陆都不相同，学说也各有建树；且列表以明之：

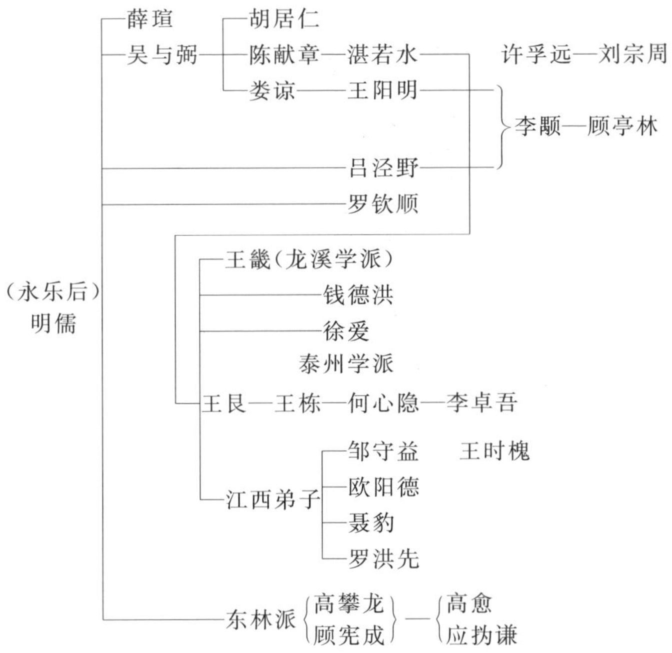

永乐时，薛、吴二人，颇有研究，立明代哲学之基。薛瑄（敬轩），陕西人，立论很平正，和朱文公颇相近；明人因为于谦被杀时，他居宰辅地位，不能匡救，很有微词，并且因此轻视他。吴与弼（康斋），家居躬耕，读书虽少，能主苦学力行，很为人所推重；后来他由石亨推荐出仕，对石亨称门下士，士流又引以为耻。

薛的学问，很少流传。吴的学问，流传较广；胡居仁、娄谅和陈献章三人，是他的学生。胡自己没有甚新的发明，明人对他也没有反对。娄的著作后来烧毁净尽，已无可考，不过王阳明是他的学生。陈在胡死后才著名，时人称为白沙先生。

明代学者和宋儒厘然独立，自成系统，自陈白沙始。宋人欢喜著书，并且有语录之类；陈白沙认著书为无谓，生平只有诗和序跋之类。他的性质，也和别人不同，初时在阳春坛静坐三年，后来只是游山赋诗，弟子从学也只有跟他游山。陈生平所最佩服的，只是“浴乎沂，风乎舞雩，咏而归……吾与点也”这些话。对于宋儒都不看重，就是明道也不甚推重，他自以为濂溪

王守仁像

嫡派，终日无一时不乐的。白沙弟子湛若水，广东人，本“体认天理”一语，他以为无论何事，皆自然之规则。王阳明成进士时，和他交游，那时他学问高出王之上；后来王别有研究，和他意见不甚相合；他自己讲学，流传颇广，知名的却很少。

王守仁（阳明）本是欢喜研究道教的，曾延道士至家，再四拜求。后来从娄谅游，成进士后又和湛往来，见解遂有变更，贬龙场驿丞以后，阳明的学问大进。他看得世间别无可怕，只有死是可怕的，所以造石棺以尝死的况味，所主张的“致良知”，就在卧石棺时悟出。在贵州时有些苗民很崇拜他，从他讲求学问，阳明把知行合一和他们说。阳明的“知行合一”，和明道有些相同。明道以为曾经试行过，才算得“知”，没曾试行过，不能称为“知”。比如不知道虎之凶猛的人，见虎不怕；受了虎的损害的，就要谈虎色变了。这类主张，渐变而为阳明的主张，阳明以为知即是行，也可说“知的恳切处即行，行的精粹处即知”。不过阳明的“知行合一”主张，是在贵州时讲的；后来到南京，专讲静坐；归江西后又讲“致良知”了。《传习录》是他在贵州时的产品，和后来有些不合。

阳明自悟得“致良知”以后，和朱文公不能不处于反对地位，并非专和朱反对才有这些主张的。有人谓“致良知”的主张，宋胡宏在《胡子知言》

已有讲起；阳明是否本之于胡，抑自己悟出，这是不能臆断的。阳明讲“良知”，曾攀附到孟子，实在孟子的“良知”，和他的殊不相同。孟子说：“人之所不学而能者，其良能也；所不虑而知者，其良知也。孩提之童，无不知爱其亲者；及其长也，无不知敬其兄也。”可见他专就感情立论。阳明以为一念之生，是善是恶，自己便能知道，是溢出感情以外，范围较广了。孟子和阳明的不同，可用佛法来证明。《唯识论》里说：一念的发生，便夹着“相分”“见分”“自证分”“证自证分”四项。且把这四个名词下一解释：

一、相分。“相分”就是“物色”，就是我们所念的。

二、见分。“见分”就是“物色此物色”，也就是我们所能念的。

三、自证分。念时有别一念同时起来，便是“自证分”，比如我讲了后一句话，自己决不至忘了前一句话。便是“自证分”在那里主之。

四、证自证分。“自证分”的结果，便是“证自证分”。

再用例来说明：比如，想到几年前的友朋，想到“他姓张或姓李”，后来忽然断定他是姓张，当时并不曾证诸记录或书籍的，这便是“相分，见分，自证分，证自证分”的连合了。依此来判良知，孟子所说是指“见分”，阳明是指“自证分，证自证分”的。可见阳明和孟子是不相关连的，阳明所以要攀附孟子，是儒家的积习。宋人最喜欢的是“喜怒哀乐之未发谓之中”，苏氏兄弟也曾说这话，实在《中庸》所说是专指感情的，宋人以为一切未发都算是中，相去很远了。还有“鸢飞鱼跃，活泼泼地”一语，也为宋人所最爱用，陈白沙更用得多。在《诗经》原意，不过是写景，《中庸》中“鸢飞戾天，鱼跃于渊，言其上下察也”一节，也不过引用诗文来表明“明”的意思。“察，明也”，鸢在上见鱼，很明白地想要攫取；鱼在下见鸢也很明白，立刻潜避了。就是照郑康成的注解，训“察”为“至”，也只说道之流行，虽愚夫愚妇都能明白，用鸢鱼来表示上下罢了，其中并没含快活的意思。宋人在“鸢飞鱼跃”下面，一定要加“活泼泼地”四字，和原意也不同了。——这些和阳明攀附孟子是一样的。

阳明“致良知”的主张，以为人心中于是非善恶自能明白，不必靠甚典籍，也不必靠旁的话来证明。但是第二念不应念，有了第二念自己便不明了。人以为阳明的学说，很宜于用兵；如此便不至有什么疑虑和悔恨。

晚年阳明讲“天泉证道”，王畿（龙溪）和钱德洪（绪山）是从游的。钱以为“无善无恶心之体，有善有恶心之动，知善知恶为致知，存善去恶为格物”。王和他不同，以为一切都是无善无恶的。阳明对于这两种主张，也不加轩轾于其间。

阳明的弟子，徐爱早死，钱德洪的学问，人很少佩服他。继承阳明的学问，要推王艮和王畿。王艮，泰州人，本是烧银的灶丁，名“银”，“艮”是阳明替他改的。他见阳明时，学问已博，初见时阳明和他所讲论，他尚不满意，以为阳明不足为之师，后来阳明再讲一段，他才佩服。他的学问，和程明道、陈白沙颇相近，有《学乐歌》：“学是乐之学，乐是学之乐。”从他游的颇多寻常人，间有上流人，自己真足自命不凡的。王畿是狂放的举人，很诽议阳明的；后来忽又师事阳明了。黄梨洲《明儒学案》对于二王都有微词；他佩服的是阳明的江西弟子。

阳明的江西弟子，以邹守益、欧阳德、聂豹、罗洪先为最有造就。罗自有师承，非阳明弟子，心里很想从阳明游，不能如愿，后来阳明也死了。阳明弟子强罗附王，他也就承认。罗的学问比他弟子高深得多；自己静坐有得，也曾访了许多僧道。他说：“极静之时，但觉此心本体如长空云气，大海鱼龙，天地古今，打成一片。”黄佐对于罗的论调最不赞同，以为是参野狐禅，否则既谓无物，哪有鱼龙。实在，心虽无物而心常动；以佛经讲，“阿赖耶识”是恒转如瀑流，就是此意。罗所说“云气”和“鱼龙”是表示动的意思。罗洪先自己确是证到这个地步，前人没有及他的了。

王时槐的学问自邹守益传来，见解颇精深。他说：“纯无念时，是为一念，非无念也，时之至微者也。”比如吾人入睡，一无所梦，这时真可算无念，但和死却有分别的。就佛法讲，“意根恒审思量”，意根念念所想的什么？就是“我”，“我”就是“阿赖耶识”。我所以不忘这“我”，便因有了“意根”之故。“我”，寻常人多不疑，比如自己说了一句话，决不会疑“这是谁说的”。至于其余对象，我们总要生一种疑虑的。念念想着，和无念竟是差不多；我们从早晨起来感到热，继续热下去，也就感不到了。所以纯无念时，仍有一念。

王艮弟子王栋说主张意与心有分，以为“意非心之所发，意为心之主者”。这种主张，和佛法说有些相同。佛法以“阿赖耶识”自己无作用，有了意根，才能起作用，也就是禅宗所谓识得主人翁的意思。刘宗周对于王栋的主张很多采取；栋自己看书不多，这种见解，的是证出的。

阳明、若水两派以外，有许多士子信仰吕泾野的主张。吕，陕西人，笃守礼教，和朱文公最相近，立言很平正，无过人处。当时所以能和湛、王并驾，这也因王的弟子太不守礼法，猖狂使人生厌；那些自检的子弟，就倾向吕泾野了。原来何心隐习泰州之学，差不多和政客一般，张居正恨而杀之。李卓吾师事何心隐，荒谬益甚，当时人所疾首痛心的。这守礼教和不守礼教，便是宋、明学者的大别。宋儒若陆象山见解之超妙，也仍对于礼教拘守不敢离，既禁止故人子的狎妓，又责备吕东莱的丧中见客。明儒若陈白沙已看轻礼教，只对于名节还重视，他曾说："名节乃士人之藩篱。"王阳明弟子猖狂已甚，二王为更甚，顾亭林痛骂王学也是为此。

湛、王学问，晚年已不相同，但湛弟子许孚远，却合湛、王为一。再传至刘宗周（蕺山），自己又别开生面，和湛、王都有些不同。刘主张"意非心之所发"，颇似王栋；"常惺惺"也是他的主张，这主张虽是宋人已经讲过，但他的功夫是很深的。

阳明附会朱文公《晚年定论》，很引起一般人的攻讦，同时有罗钦顺（整庵）和他是对抗的。罗的学问，有人说他是朱派；实在明代已无所谓纯粹朱

东林书院旧址

派，罗的见解，又在朱之上；就说是朱派，也是朱派之杰出者。罗本参禅，后来归入理学，纠正宋儒之处很多。朱文公所谓“气质之性，义理之性”，罗表示反对，他说：“义理乃在气质之中。”宋人于天理人欲，纠缠不清，罗说“欲当即理”，这种见解，和王不同，较朱又高一着，所以能与阳明相抗衡。清戴东原的主张，是师承罗的学说的。

明末东林派高攀龙、顾宪成等也讲宋人学问，较阳明弟子能守规矩，他们有移风易俗的本意，所以借重礼法。不过党派的臭味太重，致召魏忠贤杀害的惨劫。清初，东林派还有流传；高愈、应扮谦辈也只步武前人罢！

此外尚有李颙（二曲）也是名儒。李，陕西人，出身微贱，原是一个差役。他自己承认是吕派，实际是近王派的。所发见很不少，他每天坐三炷香，“初则以心观心，久之心亦无所观”，这是他的工夫。他尝说“一念万念”一句话。这话很像佛法，但是究竟的意思，他没有说出。我们也不知道他还是说“一念可以抵万念呢”，抑或是“万念就是一念呢”？在佛法中谓：念念相接则生时间；转念速，时间长，转念慢，时间短；一刹那可以经历劫。李的本意，或许是如此。李取佛法很多，但要保持礼教面目，终不肯说出。“体用”二字，本出于佛法；顾亭林以此问他，他也只可说“宝物出于异国，亦可采取”了。

清代理学可以不论，治朱之学远不如朱。陆陇其（稼书）、汤斌等隶事两朝，也为士林所不齿，和吴澄事元有什么分别呢？江藩作《宋学渊源记》，凡能躬自力行的都采入，那在清廷做官的，都在摈弃之列。

颜元（习斋）、戴震（东原），是清代大儒。颜力主“不骛虚声”，劝学子事礼、乐、射、御、书、数，和小学很相宜。戴别开学派，打倒宋学，他是主张“功利主义”，以为欲人之利于己，必先有利于人，并且反对宋人的遏情欲。

罗有高（台山）、彭绍升（尺木）研究王学的。罗有江湖游侠之气，很佩服李卓吾；彭信佛法，但好扶乩：两人都无足取。

哲学的派别，既如上述，我们在此且总括地比较一下：以哲学论，我们可分宋以来之哲学，古代的九流，印度的佛法，和欧西的哲学四种。欧西的哲学，都是纸片上的文章，全是思想，并未实验。他们讲惟心论，看着的确很精，却只有比量，没有现量，不能如各科学用实地证明出来。这种只能说是精美的文章，并不是学问。禅宗说“猢狲离树，全无伎俩”，是欧西哲学绝佳比喻；他们离了名相，心便无可用了。宋、明诸儒，口头讲的原有，但能实地体认出来，却也很多，比欧西哲学专讲空论是不同了。

再就宋以来的理学和九流比较看来，却又相去一间了。黄梨洲说：“自阳明出，儒、释疆界，邈若山河。”实在儒、释之界，宋已分明，不过儒释有疆界，便是宋以后未达一间之遗憾。宋以后的理学，有所执着，专讲“生生不灭之机”；只能达到“阿赖耶恒动如瀑流”和孔子“逝者如斯夫，不舍昼夜”地步；那“真如心”便非理学家所能见。孔子本身并非未尝执着，理学强以为道体如此，真太粗心了！

至于佛法所有奥妙之处，在九流却都有说及，可以并驾齐驱。佛法说“前后际断”；庄子的“无终无始，无几无时；见独而后，能无古今”，可说是同具一义的。佛法讲“无我”，和孔子的“毋我”“克己复礼”，庄子的“无已，恶乎得有有”，又相同了。佛家的唯识唯心说：“心之外无一物；心有境无；山河大地，皆心所造。”九流中也曾说过。战国儒家公孙尼子说：“物皆本乎心。”孟子说：“万物皆归于我。”便是佛家的立意。佛家大乘断“所知障”，断“理障”；小乘断“烦恼障”，断“事障”。孔子说：“我有知乎哉？无知也。”老子说：“玄之又玄，众妙之门。”又说：“涤除玄览。”便是断“所知”和“理”障的了。佛法说：“不生不灭。”庄子说：“无古今而后入于不死不生。”“不死不生”就是“不生不灭”。佛法说：“无修无证，心不见心，无相可得。”孟子说：“望道而未之见。”——道原是不可见，见道即非道——庄子说：“斯身非吾有也，胡得有乎道？”又相同了。照这看来，九流实远出宋、明诸儒之上，和佛法不相出入的。

我们研究哲学，从宋人入手，却也很好，因为晋人空谈之病，宋人所无；不过不要拘守宋学，才有高深的希望。至于直接研究佛法，容易流入猖狂。古来专讲佛而不讲儒学的，多不足取，如王维降安禄山，张商英和蔡京辈往来，都是可耻的。因为研究佛法的居士，只有五戒，在印度社会情形简单，或可维持，中国社会情形复杂，便不能维持了。历来研究儒家兼讲佛法的，如李习之、赵大州口不讳佛，言行都有可观。可见研究佛法，非有儒学为之助不可。

第四章　国学之派别（三）

——文学之派别——

什么是文学？据我看来，有文字著于竹帛叫做“文”，论彼的法式叫做“文学”。文学可分有韵、无韵二种：有韵的今人称为“诗”，无韵的称为“文”。古人却和这种不同，《文心雕龙》说：“今之常言，有文有笔。有韵者文也，无韵者笔也。”范晔自述《后汉书》说：“文患其事尽于形，情急于藻，义牵其旨，韵移其意，政可类工巧图缋，竟无得也；手笔差易，文不拘韵故也。”可见有韵在古谓之“文”，无韵在古谓之“笔”了。不过做无韵的固是用笔，做有韵的也何尝不用笔？这种分别，觉得很勉强，还不如后人分为“诗”“文”二项的好。

古时所谓文章，并非专指文学。孔子称“尧、舜焕乎其有文章”，是把“君臣、朝廷、尊卑、贵贱之序，车舆、衣服、宫室、饮食、嫁娶、丧祭之分”叫做“文”。“八风从律，百度得数”叫做“章”。换句话说，文章就是《礼》《乐》。后来范围缩小，文章专指文学而言。

文学中有韵、无韵二项，后者比前者多。我们现在先讨论无韵的文。在讨论文的派别之先，把文的分类讲一讲，并列表以清眉目：

- 文
  - 集内文
    - 记事文
      - 传、状、行述、事略
      - 书事、记
      - 碑、墓志、碣、表
    - 议论文
      - 论、说、辨
      - 奏、议、封事
      - 序、（题词）、跋
      - 书
  - 集外文
    - 子
    - 史
    - 经
    - 数典之文
    - 习艺之文

我们普通讲文，大概指集部而言，那经、史、子，文非不佳，而不以文称。但上表所列文的分类中，以“传”而论，四史中列传已在集部以外，本纪、世家和传是同性质的，也非集部所有，集部只有家传。以“论”而论，除了文人单篇的论文，也有在集部以外的，比如：庄子《齐物论》，荀子《礼论》《乐论》，贾谊《过秦论》都是子部所有的。以“序”而论，也只单篇的，集中所已备，那连合的序，若《四库提要》，就非集部所有。至如编年史中《左传》《资治通鉴》之类和名人年谱，都是记事文，也非集部所能包了。传是记述某人的一生，或一事，我们所普通见到的。明人以为没曾做过史官，不应替人做传，我以为太拘了。史官所做，是卿相名人的传；那普通人的传，文人当然可以做的。行述、状和传各不相同。状在古时只有几句考语，用以呈诸考功之官，凭之以定谥法；自唐李翱以为状仅凭考语不能定谥法，乃定状亦须叙事，就与传相同。行述须叙事，形式与传虽相同而用处不同。

碑原非为个人而作，若秦《峄山碑》是记始皇的功绩，汉裴岑《纪功碑》是记破西域的事迹，差不多都是关于国家大事的。就以庙碑而论，虽为纪事，也不是纯为纪事的。只有墓上之碑，才是为个人而作。碑、碣实质是一样的，只大小长短不同。唐五品以上可用碑，六品以下都用碣的。表和碑、碣都不同，没有大小长短的区别。说到彼等的内质，传是纪事的，状是考语兼纪事的，碑是考语多，后附有韵的铭，间有纪事，也略而不详。宋以后碑和传只有首尾的不同了。表，宋后就没有铭，在汉时有表记、表颂的不同，表颂是有铭的。汉以前没有墓志，西晋也很少，东晋以后才多起来。这也因汉人立碑过多，东晋下令禁碑，墓志藏在墓内，比较便当一些。北朝和唐并不禁碑，而墓志很流行。一、官品不及的，二、官品虽大曾经犯罪的，三、节省经费的，都以此为便。墓志的文章，大都敷衍交情，没有什么精彩。至很小的事，记述大都用书事或记等。

单篇论文，在西汉很少，就是《过秦论》也见《贾子新书》中的。东汉渐有短论，延笃《仁孝先后论》可算是首创。晋人好谈名理，论说乃出。这种论文，须含陆士衡《文赋》所说“精微流畅”那四字的精神。

奏，秦时所无，有之自汉始。汉时奏外尚有封事，是奏密事用的。奏，有的为国家大事，有的为个人的事，没有定规的。议，若西汉《石渠议》《盐铁论》《白虎通》，都是合集许多人而成的。后来凡议典礼，大都用议的。

书，在古时已有，差不多用在私人的往还。但古人有上书，则和奏记差不多，也就是现今的说帖和禀。至如刘歆《移让太常博士书》，却又和移文一样了。

序，也是古所已有，如《序卦》《书序》《诗序》都是的，刘向《别录》《四库提要》也是这一类。后人大概自着自作，或注释古书附加一序的。古人的题词和序相同，赵岐注《孟子》，一序一题词，都用在前面。跋，大都在书后，体裁和序无不同之处。

纪事论议而外，尚有集部所无的，如：

（A）数典之文：

甲，官制，如《周礼》《唐六典》，明清《会典》之类。

乙，仪注，《仪礼》《唐开元礼》等皆是。

丙，刑法，如《汉律》《唐律》《明律》《清律》之类。

丁，乐律，如宋《律吕正义》、清《燕乐考原》等。

戊，书目，如刘向《别录》，刘歆《七略》，王俭、阮孝绪《七录》《七志》，宋《崇文书目》，清《四库提要》之类。

（B）习艺之文：

甲，算术，如《九章》《算法》《圜法》之类。

乙，工程，如《周礼·考工记》，徐光启的《龙骨车》《玉衡车》之类。

丙，农事，如北魏《齐民要术》，元王祯《农书》，明徐光启《农政全书》之类。

丁，医书，如《素问》《灵枢》《伤寒论》《千金要方》之类。

戊，地志，如《禹贡》《周礼·职方志》《水经》《水道提纲》《乾隆府厅州县志》《方舆志略》之类。

以上各种，文都佳绝，也非集部所具的，所以我们目光不可专注在集部。

文学底分类既如右述，我们再进一步讨论文学的派别。

经典之作，原非为文；诸子皆不以文称。《汉书·贾谊传》称贾谊“善属文”，文乃出。西汉一代，贾谊、董仲舒、太史公、枚乘、邹阳、司马相如、扬雄、刘向，称为文人。但考《汉书》所载赵充国的奏疏，都卓绝千古，却又不以文人称。这是什么缘故呢？想是西汉所称为文人，并非专指行文而言，必其人学问渊博，为人所推重，才可算文人的。东汉班彪著《王命论》，班固著《两都赋》，以及蔡邕、傅毅之流，是当时著称的文人。但东汉讲政治若崔寔《政论》、仲长统《昌言》，说经若郑康成之流，行文高出诸文人上，又不以文名了。在西汉推尊文人，大概注目在淹博有学问一点，东汉推尊的文人，有些不能明白了。东、西汉文人在当时并无派别，后人也没曾有人替他们分成派别的。

三国时曹家父子三人——操、丕、植——文名甚高。操以诏令名，丕以《典论》名，植以《求自试表》等称。人们所以推尊他们，还不以其文，大都是以诗推及其文的。徐幹诗不十分好，《中论》一书也不如仲长统所著而为当时所称。吴中以张昭文名为最高，我们读他所著，也无可取，或者以道德而推及其文的。陆家父子——逊、抗、凯、云、机——都以文名，而以陆机为尤，他是开晋代文学之先的。晋代潘、陆虽并称，但人之尊潘终不如陆，《抱朴子》中有赞陆语，《文中子》也极力推尊他，唐太宗御笔赞也只有陆机、王羲之二人，可见人们对他的景仰了。自陆出，文体大变，两汉壮美的风气，到了他变成优美了。他的文，平易有风致，使人生快感的。晋代文学和汉代文学，有大不同之点。汉代厚重典雅，晋代华妙清妍，差不多可以说一是刚的一是柔的。东晋好谈论而无以文名者，骈文也自此产生了。南北朝时傅季友（宋人）骈体殊佳，但不能如陆机一般舒卷自如，后此任昉、沈约辈每况斯下了。到了徐、庾之流，去前人更远，对仗也日求精工，典故也堆叠起来，气象更是不雅淡了。至当时不以文名而文极佳的，如著《崇有论》的裴頠著《神灭论》的范缜等，更如孔琳（宋）、萧子良（齐）、袁翻（北魏）的奏疏，干宝、袁宏、孙盛、习凿齿、范晔的史论，我们实在景仰得很。在南北朝文家亦无派别，只北朝人好摹仿南朝，因此有推尊任昉的、有推尊沈约的等不同。北朝至周，文化大衰，到了隋代，更是文不成文了。

唐初文也没有可取，但轻清之气尚存，若杨炯辈是以骈兼散的。中唐以后，文体大变，变化推张燕公、苏许公为最先，他们行文不同于庾也不同于陆，大有仿司马相如的气象。在他们以前，周时有苏绰，曾拟《大诰》，也可说是他们的滥觞。韩、柳的文，虽是别开生面，却也从燕、许出来，这是桐城派不肯说的。中唐萧颖士、李华的文，已渐趋于奇。德宗以后，独孤及的行文，和韩文公更相近了。后此韩文公、柳宗元、刘禹锡、吕温，都以文名。四人中以韩、柳二人最喜造词，他们是主张词必己出的。刘、吕也爱造词，不过不如韩、柳之甚。韩才气大，我们没见他的雕琢气。柳才小，就不能掩饰。韩之学生皇甫湜、张籍，也很欢喜造词。晚唐李翱别具气度，孙樵诘屈聱牙，和韩也有不同。骈体文唐代推李义山，渐变为后代的四六体，我们把他和陆机一比，真有天壤之分。唐人常称孟子、荀卿，也推尊贾谊、太史公，把晋人柔曼气度扫除净尽，返于汉代的“刚”了。

宋苏轼称韩文公“文起八代之衰”，人们很不佩服。他所说八代，也费端详。有的自隋上推合南朝四代及晋、汉为八代，这当然不合的；有的自隋上推合北朝三代及晋汉、秦为八代，那是更不合了。因为司马迁、贾谊是唐人所极尊的，东坡何至如此糊涂有的自隋上推合南朝四代北朝三代为八代，这恰是情理上所有的。

宋初承五代之乱，已无文可称。当时大家推重李义山，四六体渐盛，我们正可以说李义山是承前启后的人，以前是骈体，以后变成四六了。北宋初年，柳开得韩昌黎集读之，行文自以为学韩，考之实际，和韩全无关；但宋代文学，他实开其源。以后穆修、尹洙辈也和四六离异，习当时的平文——古文一名，当时所无——尹洙比较前人高一着。北宋文人以欧阳修、三苏、曾、王为最著。欧阳本习四六，后来才走入此途；同时和他敌对，首推宋祁。祁习韩文，著有《新唐书》，但才气不如韩。他和欧阳交情最深，而论文极不合。他的长兄宋郊，习燕、许之文，和他也不同。

明人称唐、宋八大家，因此使一般人以为唐、宋文体相同，实在唐文主刚，宋文主柔，极不相同，欧阳和韩，更格格不相入。韩喜造词，所以对于李观、樊宗师的文很同情。欧阳极反对造词，所以“天地豁，万物轧，圣人茁”等句，要受他的“红拉帛”。并且“黈纩塞耳，前旒蔽明”二语，见于《大戴礼》，欧阳未曾读过，就不以为然，他无论矣。三苏以东坡为最博，洵、辙不过尔尔。王介甫才高，读书多，造就也较多。曾子固读书亦多，但所作《乐记》，只以大话笼罩，比《原道》还要空泛。有人把他比刘原甫，一浮一实，拟于无伦了。宋人更称曾有经术气，更堪一笑。

南宋文调甚俗，开科举文之端，这项文东坡已有雏形，只未十分显露，后来相沿而下，为明初宋濂辈的台阁体。中间在元代虽有姚燧、虞集辈尚有可观，但较诸北宋已是一落千丈。

宋代不以文名而文佳者，如刘敞、司马光辈谨严厚重，比欧阳高一等，但时人终未加以青目，这也是可惜的。

明有前七子、后七子之分，前七子（李梦阳等）恨台阁体；后七子（王

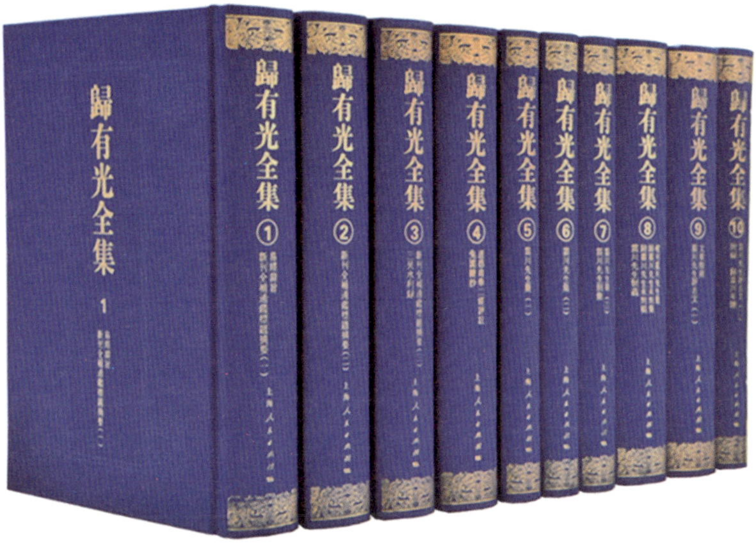

归有光全集

世贞等）自谓学秦、汉，也很庸俗。他们学问都差于韩、苏，摹拟不像，后人因此讥他们为伪体。归有光出，和后七子中王世贞相抗敌，王到底不能不拜他的下风。归所学的是欧、曾二家，确能入其门庭，因此居伪体之上，正如孟子所说“五谷不熟，不如荑稗”的了。

桐城派，是以归有光为鼻祖，归本为昆山人，后来因为方、姚兴自桐城，乃自为一派，称文章正宗。归讲格律气度甚精工，传到顾亭林有《救文》一篇，讲公式禁忌甚确，规模已定。清初汪琬学归氏甚精，可算是归氏的嫡传；但桐城派不引而入之，是纯为地域上的关系了。

方苞出，步趋归有光，声势甚大，桐城之名以出。方行文甚谨严，姚姬传承他的后，才气甚高，也可与方并驾。但桐城派所称刘大櫆，殊无足取；他们竟以他是姚的先生，并且是桐城人，就凭意气收容了，因此引起阳湖和他对抗。阳湖派以恽敬、张惠言为巨子，惠言本师事王灼，也是桐城派的弟子，他们嫉恶桐城派独建旗帜，所以分裂的。可惜这派传流不能如桐城派的远而多。姚姬传弟子甚多，以管同、梅曾亮为最。梅精工过于方、姚，体态也好，惜不甚大方，只可当作词曲看。曾国藩本非桐城人，因为声名煊赫，桐城派强引而入之。他的著作，比前人都高一着；归、汪、方、姚都只能学欧、曾；曾才有些和韩相仿佛，所以他自己也不肯说是桐城的。桐城派后裔吴汝纶的文，并非自桐城习来，乃自曾国藩处授得的。清代除桐城而外，汪中的文也卓异出众，他的序事文与姚相同，骈体文又直追陆机了。

我们平心论之，文实在不可分派，言其形式，原有不同，以言性情才力，各各都不相同，派别从何分起呢？我们所以推重桐城派，也因为学习他们的气度格律，明白他们的公式禁忌，或者免除那台阁派和七子派的习气罢了。

他们所告诉我们的方式和禁忌，就是：

（A）官名地名应用现制。

（B）亲属名称应仍《仪礼·丧服》《尔雅·释亲》之旧。

（C）不俗——忌用科举滥调。

（D）不古。

（E）不枝。

我们在此可以讨论有韵文了。有韵文是什么？就是“诗”，有韵文虽不全是诗，却可以归在这一类。在古代文学中，诗而外，若箴，全是有韵的；若铭，虽杂些无韵，大部分是有韵的；若诔，若像赞，若史述赞，若祭文，也有有韵的，也有无韵的。那无韵的，我们可归之于文；那有韵的可归之于诗了。至于《急就章》《千字文》《百家姓》《医方歌诀》之类，也是有韵的，我们也不能不称之为诗。前次曾有人把《百家姓》可否算诗来问我，我可以这样答道：“诗只可论体裁，不可论工拙，《百家姓》既是有韵，当然是诗。”总之，我们要先确定有韵为诗，无韵为文的界限，才可以判断什么是诗，像《百家姓》之流，以工拙论，原不成诗，以形式论，我们不能不承认他是诗。

诗以广义论，凡有韵是诗；以狭义论，则惟有诗可称诗。什么可称诗？《周礼·春官》称六诗，就是《风》《赋》《比》《兴》《雅》《颂》。但是后来赋与诗离，所谓比、兴也不见于《诗经》。究竟当日的《赋》《比》《兴》是怎样的？已不可考。后世有人以为《赋》《比》《兴》就在《风》《雅》《颂》之中，《郑志》张逸问：“何诗近于《比》《赋》《兴》？”答曰：“《比》《赋》《兴》，吴札观《诗》时，已不歌也。孔子录《诗》，已合《风》《雅》《颂》中，难复摘别，篇中义多兴，此谓《比》《赋》《兴》，各有篇什。自孔子骰杂第次而毛公独旌表《兴》，其《比》《赋》俄空焉。圣者颠倒而乱形名，大师偏觭而失邻类。”郑康成《六艺论》也说：《风》《雅》《颂》中有《赋》《比》《兴》。《毛传》在诗的第一节偶有“兴也”二字；朱文公也就自我作古，把“比也”“赋也”均添起来了。我以为《诗》中只有《风》《雅》《颂》，没有《赋》《比》《兴》；“《左氏》说《彤弓》《角弓》，其实《小雅》也；吉甫作《诵》，其风肆好，其实《大雅》也”。考毛公所附“兴也”的本义，也和《赋》《比》《兴》中的“兴”不同，只不过像《乐府》中的《引》《艳》一样。

六诗本义何在？我们除《比》《兴》不可考而外，其余都可溯源而得之：

a.《风》。《诗·小序》：“风者，上以风化下，下以风刺上。”我以为风的本义，还不是如此。风是空气的激荡，气出自口就是风，当时所谓风，只是口中所讴唱罢了。

b.《颂》。“颂”在《说文》就是“容”字，《说文》中“容”只有纳受的意义，这“颂”字才有形容的意义。《诗·小序》谓“颂者美盛德之形容”。我们于此可想见古人的《颂》是要“式歌式舞”的。

c.《赋》。古代的赋，原不可见，但就战国以后诸赋看来都是排列铺张的。古代凡兵事所需，由民间供给的谓之“赋”，在收纳民赋时候，必须按件点过。赋体也和按件点过一样，因此得名了。

d.《雅》。这项的本义，比较的难以明白。《诗·小序》说：“雅者，正也。”雅何以训作正？历来学者都没有明白说出，不免引起我们的疑惑。据我看来，“雅”在《说文》就是“鸦”，“鸦”和“乌”音本相近，古人读这两字也相同的，所以我们也可以说“雅”即“乌”。《史记·李斯传·谏逐客书》《汉书·杨恽传·报孙会宗书》均有“击缶而歌乌乌”之句，人们又都说“乌乌”秦音也，秦本周地，乌乌为秦声，也可以说乌乌为周声。又商有《颂》无《雅》，可见《雅》始于周。从这两方面看来，“雅”就是“乌乌”的秦声，后人因为他所歌咏的都是庙堂大事，因此说“雅者正也”。《说文》又训“雅”为“疋”，这两字音也相近。“疋”的本义，也无可解，《说文》训“疋”为“足”，又说“疋，记也”。大概“疋”就是后人的“疏”，后世的“奏疏”，也就是记。《大雅》所以可说是“疋”，也就因为《大雅》是记事之诗。我们明白这些本义，再去推求《诗经》，可以明白了许多。

太史公在《孔子世家》说：“古者《诗》三千余篇，及至孔子，去其重，取可施于礼义；上采契、后稷，中述殷、周之盛，至幽、厉之缺，始于衽席。故曰《关雎》之乱以为《风》始，《鹿鸣》为《小雅》始，《文王》为《大雅》始，《清庙》为《颂》始，三百五篇，孔子皆弦歌之以求合《韶》《武》《雅》

《颂》之音。”可见古诗有三千余篇。有人对于三千余篇有些怀疑，以为这是虚言，据我看来，这并非是虚言。《风》《雅》《颂》已有三百余篇，考他书所见《逸诗》，可得六百余篇；若《赋》《比》《兴》也有此数，就可得千二百篇了。《周礼》称九德六诗之歌，可见六诗以外，还有所谓九德之歌；在古代盛时，官箴、占繇皆为诗，所以序《庭燎》称箴，《沔水》称规，《鹤鸣》称诲，《祈父》称刺，诗外更无所谓官箴，《辛甲》诸篇，也在三千之数。我们以六诗为例，则九德也可得千八百篇：合之已有三千篇之数，更无庸怀疑。至于这三千篇删而为三百篇，还是孔子所删，还是孔子以前已有人删过呢？我们无从查考。不过孔子开口就说诵《诗》三百，恐怕在他以前，已有人把《诗》删过了！大概三千篇《诗》太杂，其中也有诵世系以劝诫人君，若《急就章》之流，使学者厌于讽诵；至若《比》《赋》《兴》虽依情志，又复广博多华，不宜声乐；因此十五流中删取其三，到了孔子不过整齐彼的篇第不使凌乱罢了。

《诗经》只有《风》《雅》《颂》，“赋”不为当时所称，但是到了战国，“赋”就出来了。屈原、孙卿都以赋名。孙卿以赋《成相》，分二篇题号已别；屈原《离骚》诸篇，更可称为卓立千古的赋。《七略》次赋为四家：一曰屈原赋，二曰陆贾赋，三曰孙卿赋，四曰杂赋。屈原的赋是道情的，孙卿的赋是咏物的，陆贾赋不可见，大概是纵横之变。后世言赋者，大都本诸屈原，汉代自从贾生《惜誓》上接《楚辞》《鵩鸟》，仿佛《卜居》，相如自《远游》流变而为《大人赋》，枚乘自《大招》《招魂》散而为《七发》；其后汉武帝《悼李夫人》、班婕妤《自悼》，以及淮南、东方朔、刘向辈大都自屈、宋脱胎来的。至模拟孙卿的，也有之，如《鹦鹉》《焦鹩》诸赋都能时见一端的。

三百篇以后直至秦代，无诗可见。一到汉初，诗便出来了。汉高祖《大风歌》、项羽《虞兮歌》，可说是独创的诗。此后五言诗的始祖，当然要推《古诗十九首》，这十九首中据《玉台新咏》指定九首是枚乘作的，可见这诗是西汉的产品。至苏武、李陵赠答之诗，有人疑是东汉时托拟的。这种五言诗多言情，是继四言诗而起的，因为四言诗至三百篇而至矣尽矣，以后继作，都不能比美。汉时虽有四言诗，若韦孟之流，才气都不及，我们总觉得很淡泊。至碑铭之类——《峄山碑》等——又是和《颂》一般，非言情之作，其势非变不可，而五言代出。

汉代《雅》已不可见，《郊祀歌》之流，和《颂》实相类似，四言而外，也有三言的，也有七言的。此后《颂》为用甚滥，碑铭称“颂”，也是很多的。

汉代文人能为赋未必能以诗名。枚乘以诗长，他的赋却也不甚著称。东汉一代，也没有卓异的诗家，若班固等，他们只能说是平凡的诗家。

继十九首而振诗风，当然要推曹孟德父子。孟德的四言，上不摹拟《诗经》，独具气魄，其他五言七言诸诗，虽不能如十九首的冲淡，但色味深厚，读之令人生快。魏文帝和陈思王的诗，也各有所长，同时刘桢、王粲辈毕竟不能和他们并驾。锺嵘《诗品》评《古诗十九首》说是“一字千金”，我们对于曹氏父子的诗，也可以这样说他，真所谓“其气可以抗浮云，其诚可以比金石”。

语曰：“在心为志，发言为诗”。可见诗是发于性情。三国以前的诗，都从真性情流出，我们不能指出某句某字是佳，他们的好处，是无句不佳无字不佳的。曹氏父子而后，就不能如此了。

曹氏父子而后，阮籍以《咏怀》诗闻于世，他本好清谈，但所作的诗，一些也没有这种气味。《诗品》称阮诗出于《离骚》，真是探源之论。不过陈思王的诗，也出自《离骚》，阮的诗还不能如他一般痛快。

晋初左思《眩史诗》《招隐诗》风格特高，与曹不同，可说是独开一派。在当时他的诗名不著，反而陆机、潘岳辈以诗称。我们平心考察：陆诗散漫，潘诗较整饬，毕竟不能及左思，他们也只可以说是作赋的能手罢了。当时所以不看重左思，也因他出身微贱，不能像潘、陆辈身居贵胄的缘故。《诗品》评时，也不免于徇俗；把左思置在陆、潘之下，可为浩叹；其他若张华的诗，《诗品》中称他是“儿女情多，风云气少”，我们读他的诗意，只觉得是薄弱无力量。所谓儿女情多，也不知其何所见而云然，或者我们没曾看见他所著的全豹，那就未可臆断了。

东晋清谈过甚，他们的清谈诗，和宋时理学诗一般可厌。他们所做的诗，有时讲讲庄、老，有时谈谈佛理，像孙绰、许询辈都是如此。孙绰《天台山赋》有“大虚辽廓而无阂，运自然之妙有”等句，是前人所不肯用的。《诗品》说他们的诗，已是“风骚体尽”，的是不错。在东晋一代中无诗家可称，但刘琨《扶风歌》等篇，又是诗中佳品，以武人而能此，却也可喜！

陶渊明出，诗风一振，但他的诗终不能及古人，《诗品》评为“隐逸之诗”。他讲“田舍风味”，极自然有风致，也是独树一帜。在他以前，描写风景的诗很少，至他专以描写风景见长，如“采菊东篱下，悠然见南山”之句，真古人所不能道。渊明以后，谢灵运和颜延之二家继他而起。谢描摹风景的诗很多，句调精炼，《诗品》说他是“初出芙蓉”。颜诗不仅描风景，作品中也有雕刻气，所以推为诗家，或以颜学问淹博之故。《诗品》评颜谓为“镂金错綵”。陶诗脱口自然而出，并非揉作而成，虽有率尔之词，我们总觉得可爱。如谢诗就有十分聱牙之处，我们总可以觉得他是矫作的。小谢——谢朓——写风景很自然，和渊明不相上下，而当时学者终以小谢不及大谢，或者描写风景之诗，大家都爱工巧，所以这般评论。梁代诗家推沈约，永明体自他出，律诗已有雏形了。古诗所以变为律诗，也因谢、颜诗不可讽诵，他因此故而定句调。沈约的律诗，和唐后律诗又不相同。《隋书·经籍志》载他的《四声谱》有一卷，可见谱中所载调是很多的，并不像唐后律诗这简单。他的《四声谱》，我们虽不能见，但读他的诗，比谢、颜是调和些，和陶、小谢却没有甚分别呢。

宋鲍照、齐江淹，也以诗名。鲍有汉人气味，以出身微贱，在当时不甚著称；江善于拟古，自己的创作却不十分高明。

南北朝中，我们只能知道南朝的作品，北朝究竟有无诗家，久已无从考得，但《木兰诗》传自北朝，何等高超，恐怕有些被淹没呢！

梁末诗又大变，如何逊、阴铿的作品，只有一二句佳绝了。在此时，古今诗辟下一大界限，全篇好是古诗的特色，一二句好是此后的定评。隋杨素诗绝佳，和刘琨可仿佛。此时文人习于南北朝的诗风，爱用典故，并喜雕琢。杨素武人不爱雕琢，亦不能雕琢，所以诗独能过人。当时文人专着眼在一二句好处，对于杨素不甚看重。所以隋炀帝为了忌嫉“空梁落燕泥”“庭草无人随意绿”二佳句，就杀两诗人了。

唐初，律诗未出，唐太宗和魏征的诗和南北朝相去不远。自四杰骆宾王、王勃、杨炯、卢照邻出，作品渐含律诗的气味，不过当时只有五言律，并未有七言律。四杰之文很卑微，他们的诗却有气魄。成就五言的是沈佺期、宋之问，他们的诗，气魄也大，虽有对仗，但不甚拘束。五言古诗到此时也已穷极，五律七古不能不产生了。唐以前七古虽有，但不完备，至唐始备全。

七古初出，若李太白、崔颢的诗，都苍苍茫茫，信笔写去，无所拘忌。李诗更含复古的气味，和同时陈子昂同一步骤。

盛唐诗家以王维、孟浩然、张九龄为最。张多古诗，和李、陈同有复古的倾向。王、孟诗与陶相近，作品中有古诗有律诗，以描写风景为最多，都平淡有意趣。

李、陈、张三家都是复古诗家，三人中自然推李为才最高。他生平目空古人，自以为在古人之上，在我们看来，他的气自然盛于前人，说他是高于前人恐怕未必。王、孟两家是在古今之间，到了杜甫，才开今派的诗。

杜甫的诗，元稹说他高于李，因为杜立排律之体为李所不及的。据我看来，李诗是成线的，杜诗是成面的，杜诗可说是和赋有些相像，必要说杜胜于李却仍不敢赞同。并且自杜诗开今，流于典故的堆叠，自然的气度也渐渐遗失，为功为罪，未可定论。至于杜的古诗，和古人也相去不远，只排律一体，是由他首创，“子美别开新世界”，就是这一个世界罢！在杜以前诸诗家，除颜延之而外，没有一个以多用书为贵的；自杜以后，才非用典故不能夸示于人。或者后人才不如古，以典故文饰，可掩了自己的短处！正如天然体态很美的女子，不要借力于脂粉，那些体态不甚美的，非借此不可了。昌黎的诗，习杜之遗风，更爱用典故，并爱用难识的字，每况愈下了，但自然之风尚存，所以得列于诗林。

韦应物、柳宗元两家，和昌黎虽同时，而作品大不相同。他们有王、孟气味，很自然平淡的。我们竟可以说柳的文和诗截不相同。同时有元微之、白居易二家，又和别家不同，他们随便下笔，说几句民情，有《小雅》的风趣，他们所以见称也以此。

晚唐温庭筠、李义山两家爱讲对仗，和杜甫爱用典故是一样的结合，便成宋代的诗风。西昆体染此风甚深，所以宋代诗话，专在这些地方留意。

宋初欧阳修、梅圣俞对于西昆体很反对，但欧阳修爱奇异的诗句，如“水泥行郭索”——这句是咏蟹，“郭索”两字见杨子《太玄经》，“云木叫钩辀”——这句是咏鸠，“钩辀”两字见陆玑《毛诗草木疏》。二句已不可解，他却大加赞赏，和他的论文大相抵触的。梅圣俞的诗，开考古之源，和古人咏古的诗，又大不相同了。总之，宋人的诗，是合“好对仗、引奇字、考据”三点而成，以此病入膏肓。苏轼的诗，更打破唐诗的规模，有时用些佛典之法理，太随便了。王荆公爱讲诗律，但他的诗律，忽其大者而注重小者，竟说："上句用《汉书》，下句也要用《汉书》的。"自此大方气象全失。我们读宋祁"何言汉朴学（见《汉书》），反似楚技官（见《史记·吴起传》）"之句，再看王维"正法调狂象（见佛法），玄言问老龙（见《庄子》）"之句，真有天壤之判呢！有宋一代，诗话很多，无一不深中此病。惟《沧浪诗话》和众不同，他说："诗有别才，不关学也；诗有别趣，不关理也。"此种卓见，可扫宋人的习气了。

南宋陆放翁含北宋习气也很深，惟有范石湖、刘后村自有气度，复与众不同。黄山谷出，开江西诗派之源。黄上学老杜，开场两句必对仗，是他们的规律，这一派诗无足取。

元、明、清三代诗甚衰，一无足取。高青邱的诗失之靡靡，七子的诗失之空门面，王渔洋、朱彝尊的诗失之典泽过浓，到了翁方纲以考据入诗，洪亮吉爱对仗，更不成诗。其间稍可人意的，要推查初白的，但也不能望古人之项背。洪亮吉最赏识"足以乌孙涂上茧，头几黄祖座中枭"二句，我们读了只作三日呕！

诗至清末，穷极矣，穷则变，变则通，我们在此若不向上努力，便要向下堕落。所谓向上努力就是直追汉、晋，所谓向下堕落就是近代的白话诗，诸君将何取何从？提倡白话诗人自以为从西洋传来，我以为中国古代也曾有过，他们如要访祖，我可请出来。唐代史思明——夷狄——的儿子史朝义，称怀王，有一天他高兴起来，也咏一首樱桃的诗："樱桃一篮子，一半青，一半黄；一半与怀王，一半与周贽。"那时有人劝他，把末两句上下对调，作为"一半与周贽，一半与怀王"，便与"一半青，一半黄"押韵，他佛然道：周贽是我的臣，怎能在怀王之上呢？如在今日，照白话诗的主张，他也何妨说"何必用韵呢"？这也可算白话诗的始祖罢。一笑！

第五章　结　论

——国学之进步——

中国学术，除文学不能有绝对的完成外，其余的到了清代，已渐渐告成，告一结束。清末诸儒，若曾国藩、张之洞辈都以为一切学问，已被前人说尽，到了清代，可说是登峰造极，后人只好追随其后，决不再能超过了。我以为后人仅欲得国学中的普通学识，则能够研究前人所已发明的，可算已足，假使要求真正学问，怕还不足罢！即以“考据”而论，清代成就虽多，我们依着他们的成规引而伸之，也还可以求得许多的知识。在他们的成规以外，未始没有别的途径可寻，那蕴蓄着未开辟的精金正多呢！总之，我们若不故步自封，欲自成一家言，非但守着古人所发明的于我未足，即依律引申，也非我愿，必须别创新律，高出古人才满足心愿——这便是进步之机。我对于国学求进步之点有三：

1. 经学以比类知原求进步。

2. 哲学以直观自得求进步。

3. 文学以发情止义求进步——毕竟讲来，文学要求进步，恐怕难能呢。

清代治经学较历代为尤精，我在讲经学之派别已经讲过，我们就旧有成规再加讲讨，原也是个方法。不过“温故知新”仅“足以为师”，不足语于进步。我们治经必须比类知原，才有进步。因前人治经，若宋、明的讲大体，未免流于臆测妄断；若清代的订训诂，又仅求一字的妥当，一句的讲明，一制的考明，“擘绩补苴”，不甚得大体。我们生在清后，那经典上的疑难，已由前人剖析明白，可让我们融会贯通再讲大体了。

从根本上讲，经史是决不可以分的。经是古代的历史，也可以说是断代史。我们治断代史，当然要先看通史，再治断代的史，才有效果；若专治断代史，效果是很微细的。治经不先治通史，治经不和通史融通，其弊与专治断代史等，如何能得利益？前人正犯此病。所以我主张比类求原，以求经史的融会，以谋经学的进步。如何是比类求原？待我说来！

经典中的《尚书》《春秋》是后代编年、纪传两体之先源。刘知几曾说纪传是源于《尚书》，编年是源于《春秋》；章学诚也曾说后代诸史皆本于《春秋》。这二人主张虽不同，我们考诸事实，诸史也不尽同于《尚书》《春秋》，而诸史滥觞于彼，是毫无疑义的。所以治经：对于“制度”，下则求诸《六典》、会典诸书，上以归之于《周礼》《仪礼》；对于地理，下则考诸史及地舆志，上以归之于《禹贡》及《周礼·职方志》；即风俗道德，亦从后代记载上求源于经典。总之，把经看作古代的历史，用以参考后世种种的变迁，于其中看明古今变迁的中心。那，经学家所最忌的武断、琐屑二病，都可免除了。

未来所新见的，也非今日所可限量呢！

中国哲学在晋代为清谈，只有口说，讲来讲去，总无证据；在宋、明为理学，有道学问、尊德性之分，自己却渐有所证；在清代专在文字上求，以此无专长者，若戴东原著《孟子字义疏证》，阮芸台讲性命，陈兰甫著《汉儒通义》，也仅在文字上求，训诂上求，有何可取？要知哲理非但求之训诂为无用，即一理为人人所共明而未证之于心，也还没有用处的，必须直观自得，才是真正的功夫。王阳明辈内证于心，功夫深浅各有不同，所得见解，也彼此歧异，这也是事实上必有的。理，仿佛是目的地，各人所由的路，既不能尽同，所见的理，也必不能尽同，不尽同和根源上并无不合呢！佛家内证功夫最精深，那些堕落的就专在语言文字上讲了。西洋哲学，文字虽精，仍是想象如此，未能证之于心，一无根据，还不能到宋学的地步，所以彼此立论，竟可各走极端的。这有理论无事实的学问，讲习而外，一无可用了！近代法国哲学家柏格森渐注重直觉，和直观自得有些相近了。总之，讲哲理决不可像天文家讲日与地球的距离一样，测成某距离为已精确了。因为日地距离，是事实上决不能量，只能用理论推测的；那心象是在吾人的精神界，自己应该觉得的。所以不能直观自得，并非真正的哲理，治哲学不能直观自得便不能进步。

文学如何能求进步？我以为要发情止义。何为发情止义？如下述："发情止义"一语，出于《诗序》，彼所谓"情"是喜怒哀乐的"情"，所谓"义"是礼义的"义"。我引这语是把彼的意义再推广之："情"是"心所欲言，不得不言"的意思，"义"就是"作文的法度"。桐城派的文章，并非没有法度，但我们细读一过，总觉得无味。这便因他们的文，虽止乎义，却非发乎情，他们所作游记论文，也不过试试自己的笔墨罢了。王渔洋的诗，法度非不合，但不能引人兴趣，也因他偶到一处，即作一诗，仿佛日记一般，并非有所为而作的。清初侯方域、魏叔子以明代遗民，心有不平，发于文章，非无感情，但又绝无法度。明末大儒黄梨洲、王船山，学问虽博，虽有兴亡感慨，但黄文既不类白话，又不类语录，又不类讲章，只可说是像批语；王船山非常生硬，又非故意如此，都可说是不上轨道的。所以文学非但要"止乎义"，还要"发乎情"。那初作文，仅有法度，并无情，用以练习则可，用以传世则不可，仿佛习字用九宫格临帖，是不可以留后的。韩昌黎自以为因文生道，顾亭林对于这话有所批评。实在昌黎之文，并非无情无义，若《书张中丞传后》，自是千古必传的，可惜他所作碑志太多，就多止于义不发于情的了。苏东坡的史论，有故意翻案的，有不必作的，和场屋文一般，也非发于情之作。古文中非无此流，比较的少一些。诗关于情更深，因为诗专以写性情为主的。若过一处风景，即写一诗，诗如何能佳？宋代苏、黄的诗，就犯此病。苏境遇不佳，诗中写抑郁不平的还多，而随便应酬的诗也很多，就损失他的价值了。唐代杜工部身遇乱世，又很穷困，诗中有情之作，可居半数，其他也不免到一处写一首的。杜以前诸诗家，很少无情之作，即王、孟也首首有情的。至古代诗若《大风歌》《扶风歌》全是真性情流出，一首便可传了！

诗、文二项中：文有有法无情的，也有无法有情的；诗却有情无法少，有法无情多；近代诗虽浅鄙，但非出乎轨外。我们学文学诗，初步当然要从法上走，然后从情创出。那初步即欲文学太史公，诗学李太白的，可称狂妄之人呢！我们还要知文学作品忌多，太多必有无情之作，不足贵了。

二三十年前，讲文学，只怕无情，不怕无义；梁任公说我是正统派，这正统派便能不背规则的。在现在有情既少，益以无义，文学衰堕极了。我们若要求进步，在今日非从“发情止义”下手不可；能发情止义，虽不必有超过古人之望；但诗或可超过宋以下诸诗家，文或可超过清以下诸文家！努力！

在东京留学生欢迎会上之演讲①

（一九〇六年七月十五日）

今日承诸君高谊，开会欢迎，实在愧不克当；况且自顾生平，并没有一长可恃，愈觉惭愧。只就兄弟平生的历史，与近日办事的方法，略讲给诸君听听。

兄弟少小的时候，因读蒋氏《东华录》，其中有戴名世、曾静、查嗣庭诸

章太炎（左三）与孙中山（左一）等合影

① 载《民报》第六号《演说录》。

人的案件，便就胸中发愤，觉得异种乱华，是我们心里第一恨事。后来读郑所南、王船山两先生的书，全是那些保卫汉种的话，民族思想渐渐发达。但两先生的话，却没有什么学理。自从甲午以后，略看东西各国的书籍，才有学理收拾进来。当时对着朋友，说这逐满独立的话，总是摇头，也有说是疯癫的，也有说是叛逆的，也有说是自取杀身之祸的。但兄弟是凭他说个疯癫，我还守我疯癫的念头。

壬寅春天，来到日本，见着中山，那时留学诸公，在中山那边往来，可称志同道合的，不过一二个人。其余偶然来往的，总觉得中山奇怪，要来看看古董，并没有热心救汉的心思。暗想我这疯癫的希望，毕竟是难遂的了，就想披起袈裟做个和尚，不与那学界政界的人再通问讯。不料监禁三年以后，再到此地，留学生界中助我张目的人，较从前增加百倍，才晓得人心进化，是实有的。以前排满复汉的心肠，也是人人都有，不过潜在胸中，到今日才得发现。自己以前所说的话，只比得那“鹤知夜半，鸡知天明”。夜半天明，本不是那只鹤、那只鸡所能办得到的，但是得气之先，一声胶胶喔喔的高啼，叫人起来做事，也不是可有可无。到了今日，诸君所说的民族主义的学理，圆满精致，真是后来居上，兄弟岂敢自居先辈吗？只是兄弟今日还有一件要说的事，大概为人在世，被他人说个疯癫，断然不肯承认，除那笑傲山水诗豪画伯的一流人，又作别论，其余总是一样。独有兄弟却承认我是疯癫，我是有神经病，而且听见说我疯癫，说我有神经病的话，倒反格外高兴。为甚缘故呢？大凡非常可怪的议论，不是神经病人，断不能想，就能想也不敢说。说了以后，遇着艰难困苦的时候，不是神经病人，断不能百折不回，孤行己意。所以古来有大学问成大事业的，必得有神经病才能做到。诸君且看那希腊哲学家琐格拉底，可不是有神经病的么？那提出民权自由的路索，为追一狗，跳过河去，这也实在是神经病。像我汉人，明朝熊廷弼的兵略，古来无二，然而看他《气性传》说，熊廷弼剪截是个疯子。近代左宗棠的为人，保护满奴，残杀同类，原是不足道的。但他那出奇制胜的方略，毕竟令人佩服。这左宗棠少年在岳麓书院的事，种种奇怪，想是人人共知。更有德毕士马克，曾经在旅馆里头，叫唤堂官，没有答应，便就开起枪来，这是何等性情呢？仔细看来，那六人才典功业，都是由神经病里流出来的。为这缘故，兄弟承认自己有神经病；也愿诸位同志，人人个个都有一两分的神经病。近来有人

左宗棠像

传说，某某是有神经病，某某也是有神经病，兄弟看来，不怕有神经病，只怕富贵利禄当面现前的时候，那神经病立刻好了，这才是要不得呢！略高一点的人，富贵利禄的补剂虽不能治他的神经病，那艰难困苦的毒剂，还是可以治得的，这总是脚跟不稳，不能成就甚气候。兄弟尝这毒剂，是最多的。算来自戊戌年以后，已有七次查拿，六次都拿不到，到第七次方才拿到。以前三次，或因别事株连，或是普拿新党，不专为我一人；后来四次，却都为逐满独立的事。但兄弟在这艰难困苦的盘涡里头，并没有一丝一毫的懊悔，凭你甚毒剂，这神经病总治不好。或者诸君推重，也未必不由于此。若有人说，假如人人有神经病，办事必定瞀乱，怎得有个条理？但兄弟所说的神经病，并不是粗豪鲁莽，乱打乱跳，要把那细针密缕的思想，装载在神经病里。譬如思想是个货物，神经病是个汽船，没有思想，空空洞洞的神经病，必无实济；没有神经病，这思想可能自动的？以上所说，是略讲兄弟平生的历史。

至于近日办事的方法，一切政治、法律、战术等项，这都是诸君已经研究的，不必提起。依兄弟看，第一要在感情，没有感情，凭你有百千万亿的拿破仑、华盛顿，总是人各一心，不能团结。当初柏拉图说："人的感情，原是一种醉病"，这仍是归于神经是了。要成就这感情，有两件事是最要的：第一，是用宗教发起信心，增进国民的道德；第二，是用国粹激动种性，增进爱国的热肠。

先说宗教。近来像宾丹、斯宾塞尔那一流人崇拜功利，看得宗教都是漠然。但若没有宗教，这道德必不得增进。生存竞争，专为一己，就要团结起来，譬如一碗的干麨子，怎能团成面？欧美各国的宗教，只奉耶苏基督，虽是极其下劣，若没有这基督教，也断不能到今日的地位。那伽得《社会学》中，已把斯宾塞的话驳辩一过。只是我们中国的宗教，应该用哪一件？若说孔教，原有好到极处的。就是各种宗教，都有神秘难知的话杂在里头，惟有孔教还算干净，但他也有极坏的。因为孔子当时，原是贵族用事的时代，一班平民是没有官做的，孔子心里，要与贵族竞争，就教化起三千弟子，使他成就做官的材料。从此以后，果然平民有官做了。但孔子最是胆小，虽要与贵族竞争，却不敢去联合平民，推翻贵族政体。他《春秋》上虽有"非世卿"的话，只是口诛笔伐，并不敢实行的。所以他教弟子，总是依人作嫁，最上是帝师王佐的资格，总不敢觊觎帝位。及到最下一级，便是委吏乘田，也将就去做了。诸君看孔子生平，当时摄行相事的时候，只是依傍鲁君，到得七十二国周游数次，日暮途穷，回家养老，那时并且依傍季氏，他的志气，岂不一日短一日么？所以孔教最大的污点，是使人不脱富贵利禄的思想。自汉武帝专尊孔教以后，这热衷于富贵利禄的人，总是日多一日。我们今日想要实行革命，提倡民权，若夹杂一点富贵利禄的心，就像微虫霉菌，可以残害全身，所以孔教是断不可用的。若说那基督教，西人用了，原是有益；中国用了，却是无益。因中国人的信仰基督，并不是崇拜上帝，实是崇拜西帝。最上一流，是借此学些英文、法文，可以自命不凡；其次就是饥寒无告，要借此混日子的；最下是凭仗教会的势力，去鱼肉乡愚，凌轹同类。所以中国的基督教，总是伪基督教，并没有真基督教。但就是真基督教，今日还不可用。因为真基督教，若野蛮人用了，可以日进文明；若文明人用了，也就退入野蛮。试看罗马当年，政治学术，何等灿烂，及用基督教后，一切哲学，都不许讲，使人人自由思想，一概堵塞不行，以致学问日衰，政治日敝，罗马也就亡了。那继起的日耳曼种，本是野蛮贱族，得些基督教的道德，把那强暴好杀的心，逐渐化去，就能日进文明，这不是明白的证据么？今日的中国虽不能与罗马并称，却还可称伯仲，断不是初起的日耳曼种可相比例。所以真正的基督教，于中国也是有损无益。再就理论上说，他那谬妄可笑、不合哲学之处，略有学问思想的人，决定不肯信仰，所以也无庸议。孔教、基督教，既然必不可用，究竟用何教呢？我们中国，本称为佛教国。佛教的理论，使上智人不能不信；佛教的戒律，使下愚人不能不信。通彻上下，这是最可用的。但今日通行的佛教，也有许多的杂质，与他本教不同，必须设法改良，才可用得。因为净土一宗，最是愚夫愚妇所尊信的。他所求的，只是现在的康乐，子孙的福泽。以前崇拜科名的人，又将那最混账的《太上感应篇》《文昌帝君阴骘文》等，与净土合为一气，烧纸、拜忏、化笔、扶箕，种种可笑可丑的事，内典所没有说的，都一概附会进去。所以信佛教的，只有那卑鄙恶劣的神情，并没有勇猛无畏的气概。我们今日要用华严、法相二宗改良旧法。这华严宗所说，要在普度众生，头目脑髓，都可施舍与人，在道德上最为有益。这法相宗所说，就是万法惟心。一切有形的色相，无形的法尘，总是幻见幻想，并非实在真有。近来康德、索宾霍尔诸公，在世界上称为哲学之圣。康德所说“十二范畴”，纯是“相分”的道理。索宾霍尔所说“世界成立全由意思盲动”，也就是“十二缘生”的道理，却还有许多哲理，是诸公见不到的。所以今日德人，崇拜佛教，就是为此。在哲学上今日也最相宜。要有这种信仰，才得勇猛无畏，众志成城，方可干得事来。佛教里面，虽有许多他力摄护的话，但就华严、法相讲来，心佛众生，三无差别。我所靠的佛祖仍是靠的自心，比那基督教人依傍上帝、扶墙摸壁、靠山靠水的气象，岂不强得多吗？

有的说中国佛教，已经行了二千年，为甚没有效果？这是有一要点。大概各教可以分为三项：一是多神教，二是一神教，三是无神教。也如政体分为三项：一是贵族政体，二是君主政体，三是共和政体。必要经过君主政体的阶级，方得渐入共和政体；若从这贵族政体，一时变成共和政体，那共和政体必带种种贵族的杂质。必要经过一神教的阶级，方得渐入无神教，若从这多神教一时变成无神教，那无神教必带种种多神教的杂质。中国古代的道教，这就是多神教。后来佛教进来，这就是无神教。中间未经一神教的阶级，以致世人看佛，也是一种鬼神，与那道教的种种鬼神，融化为一。就是刚才所说的烧纸、拜忏、化笔、承箕等类，是袁了凡、彭尺木、罗台山诸人所主张的。一般社会，没有一人不堕这坑中，所以佛教并无效果。如今基督教来，崇拜一神，借摧陷廓清的力，把多神教已经打破，所以再行佛教，必有效果可见的了。

有的说印度人最信佛教，为甚亡国？这又有一要点。因为印度所有，只是宗教，更没什么政治法律。这部《摩挲法典》，就是婆罗门所撰定。从来没有政治法律的国，任用何教，总是亡国。这咎不在佛教，在无政治法律。我中国已有政治法律，再不会像印度一样。若不肯信，请看日本可不是崇信佛教的国么？可像那印度一样亡国么？

有的说佛教看一切众生，皆是平等，就不应生民族思想，也不应说逐满复汉。殊不晓得佛教最重平等，所以妨碍平等的东西，必要除去。满洲政府待我汉人种种不平，岂不应该攘逐？且如婆罗门教分出四姓阶级，在佛教中最所痛恨。如今清人待我汉人，比那刹帝利种虐待首陀罗更要利害十倍。照佛教说，逐满复汉，正是分内的事。又且佛教最恨君权，大乘戒律，都说："国王暴虐，菩萨有权，应当废黜。"又说："杀了一人，能救众人，这就是菩萨行。"其余经论，王贼两项，都是并举。所以佛是王子，出家为僧，他看做王就与做贼一样，这更与恢复民权的话相合。所以提倡佛教，为社会道德上起见，固是最要；为我们革命军的道德上起见，亦是最要。总望诸君同发大愿，勇猛无畏。我们所最热心的事，就可以干得起来了。

次说国粹。为甚提倡国粹？不是要人尊信孔教，只是要人爱惜我们汉种的历史。这个历史，是就广义说的，其中可以分为三项：一是语言文字，二是典章制度，三是人物事迹。近来有一种欧化主义的人，总说中国人比西洋人所差甚远，所以自甘暴弃，说中国必定灭亡，黄种必定剿绝。因为他不晓得中国的长处，见得别无可爱，就把爱国爱种的心，一日衰薄一日。若他晓得，我想就是全无心肝的人，那爱国爱种的心，必定风发泉涌，不可遏抑的。兄弟这话，并不像做《格致古微》的人，将中国同欧洲的事，牵强附会起来；又不像公羊学派的人，说甚“三世”就是进化，“九旨”就是进夷狄为中国，去仰攀欧洲最浅最陋的学说，只是就我中国特别的长处，略提一二：

先说语言文字。因为中国文字，与地球各国绝异，每一个字，有他的本义，又有引申之义。若在他国，引申之义，必有语尾变化，不得同是一字，含有数义。中国文字却是不然。且如一个天字，本是苍苍的天，引申为最尊的称呼，再引申为自然的称呼。三义不同，总只一个天字。所以有《说文》《尔雅》《释名》等书，说那转注、假借的道理。又因中国的话，处处不同，也有同是一字，彼此声音不同的；也有同是一物，彼此名号不同的。所以《尔雅》以外，更有《方言》，说那同义异文的道理。这一种学问，中国称为小学，与那欧洲比较语言的学，范围不同，性质也有数分相近。但是更有一事，是从来小学家所未说的，因为造字时代先后不同，有古文大篆没有的字，独是小篆有的；有小篆没有的字，独是隶书有的；有汉时隶书没有的字，独是《玉篇》《广韵》有的；有《玉篇》《广韵》没有的字，独是《集韵》《类篇》有的。因造字的先后，就可以推见建置事物的先后。且如《说文》兄、弟两字，都是转注，并非本义，就可见古人造字的时代，还没有兄弟的名称。又如君字，古人只作尹字，与那父字，都是从手执杖，就可见古人造字的时代，专是家族政体，父权君权，并无差别。其余此类，一时不能尽说。发明这种学问，也是社会学的一部。若不是略知小学，史书所记，断断不能尽的。近来学者，常说新事新物，逐渐增多，必须增造新字，才得应用。这自然是最要，但非略通小学，造出字来，必定不合六书规则。至于和合两字，造成一个名词，若非深通小学的人，总是不能妥当。又且文辞的本根，全在文字，唐代以前，文人都通小学，所以文章优美，能动感情。两宋以后，小学渐衰，一切名词术语，都是乱搅乱用，也没有丝毫可以动人之处。究竟甚国土的人，必看甚国土的文，方觉有趣。像他们希腊、梨俱的诗，不知较我家的屈原、杜工部优劣如何？但由我们看去，自然本种的文辞，方为优美。可惜小学日衰，文辞也不成个样子。若是提倡小学，能够达到文学复古的时候，这爱国保种的力量，不由你不伟大的。

第二要说典章制度。我们中国政治，总是君权专制，本没有什么可贵，但是官制为什么要这样建置？州郡为什么要这样分划？军队为什么要这样编制？赋税为什么要这样征调？都有一定的理由，不好将专制政府所行的事，一概抹杀。就是将来建设政府，哪项须要改良，哪项须要复古，必得胸有成竹，才可以见诸施行。至于中国特别优长的事，欧、美各国所万不能及的，就是均田一事，合于社会主义。不说三代井田，便从魏、晋至唐，都是行这均田制度。所以贫富不甚悬绝，地方政治容易施行。请看唐代以前的政治，两宋至今，哪能仿佛万一？这还是最大最繁的事，其余中国一切典章制度，总是近于社会主义，就是极不好的事，也还近于社会主义。兄弟今天，略举两项：一项是刑名法律。中国法律，虽然近于酷烈，但自东汉定律，直到如今，没有罚钱赎罪的事，惟有职官妇女，偶犯笞杖等刑，可以收赎。除那样人之外，凭你有陶朱、猗顿的家财，都得受刑，总与贫人一样。一项是科场选举。这科举原是最恶劣的，不消说了，但为甚隋、唐以后，只用科举，不用学校？因为隋唐以后，书籍渐多，必不能像两汉的简单。若要入学购置书籍，必得要无数金钱。又且功课繁多，那做工营农的事，只好搁起一边，不能像两汉的人，可以带经而锄的。惟有律赋诗文，只要花费一二两的纹银，就把程墨可以统统买到，随口咿唔，就像唱曲一般，这做工营农的事，也还可以并行不悖，必得如此，贫人才有做官的希望。若不如此，求学入官，不能不专让富人，贫民是沉沦海底，永无参预政权的日了。这两件事，本是极不好的，尚且带几分社会主义的性质，况且那好的么？我们今日崇拜中国的典章制度，只是崇拜我的社会主义。那不好的，虽要改良；那好的，必定应该顶礼膜拜，这又是感情上所必要的。

第三要说人物事迹。中国人物，那建功立业的，各有功罪，自不必说，但那俊伟刚严的气魄，我们不可不追步后尘。与其学步欧、美，总是不能像的；何如学步中国旧人，还是本来面目。其中最可崇拜的，有两个人：一是晋末受禅的刘裕，一是南宋伐金的岳飞，都是用南方兵士打胜胡人，可使我们壮气。至于学问上的人物，这就多了。中国科学不兴，惟有哲学，就不能甘居人下。但是程、朱、陆、王的哲学，却也无甚关系。最有学问的人，就是周秦诸子，比那欧洲、印度，或者难有定论；比那日本的物茂卿、太宰纯辈，就相去不可以道里计了。日本今日维新，那物茂卿、太宰纯辈，还是称颂弗衰，何况我们庄周、荀卿的思想，岂可置之脑后？近代还有一人，这便

岳飞像

是徽州休宁县人，姓戴名震，称为东原先生，他虽专讲儒教，却是不服宋儒，常说法律杀人，还是可救；理学杀人，便无可救。因这位东原先生，生在满洲雍正之末，那满洲雍正所作朱批上谕，责备臣下，并不用法律上的说话，总说："你的天良何在？你自己问心可以无愧的么？"只这几句宋儒理学的话，就可以任意杀人。世人总说雍正待人最为酷虐，却不晓是理学助成的。因此那个东原先生，痛哭流涕，做了一本小小册子，他的书上，并没有明骂满洲，但看见他这本书，没有不深恨满洲。这一件事，恐怕诸君不甚明了，特为提出。照前所说，若要增进爱国的热肠，一切功业学问上的人物，须选择几个出来，时常放在心里，这是最紧要的。就是没有相干的人，古事古迹，都可以动人爱国的心思。当初顾亭林要想排斥满洲，却无兵力，就到各处去访那古碑古碣传示后人，也是此意。

以上所说，是近日办事的方法，全在宗教、国粹两项，兄弟今天，不过与诸君略谈，自己可以尽力的，总不出此两事。所望于诸君的，也便在此两事。总之，要把我的神经病质，传染诸君，更传染与四万万人。至于民族主义的学理，诸君今日，已有余裕；发行论说刊刻报章的事，兄弟是要诸君代劳的了。

中国文化的根源和近代学问的发达[①]

（一九〇七年至一九一〇年讲于日本）

六百年前，宋朝有个文天祥说的："一部十七史，从何处说起？"十七史尚且无从说起，何况中国全部的学问，比十七史更广。但教育的事，和博览不同，更没有到讲学的地位，只是看人的浅深，见机说法，也就罢了。现在把中国开化的根苗，和近代学问发达的事迹，对几位朋友讲讲，就可以晓得施教的方法，也使那边父兄子弟，晓得受教的门径。

章太炎

中国第一个开化的人，不是五千年前的老伏羲么？第一个造文字的人，不是四千年前的老苍颉么？第一个宣布历史的人，不是二千四百年前的孔子么？第一个发明哲理的人，不是二千四百年前的老子么？伏羲的事，并不能实在明白，现存的只有八卦，也难得去理会他。其余三位，开了一个法门，倒使后来不能改变。并不是中国人顽固，其实也没有

① 载《教育今语杂志》第一册，一九一〇年三月十日印行，原题《社说》，署名独角，后载《章太炎的白话文》。

改变的法子。

苍颉造字，当初只有“指事”“象形”两件条例。甚叫做指事？就像上、下两个字，古篆只作、，不过是指个方向。其余数目字，像一、二、三、四、五、六、七、八、九、十，都也叫做指事，和号码也差不多。甚叫做象形？就像古篆日字作，月字作，水字作，火字作，是像他的形势，所以叫做象形。

当初苍颉造字的时候，只有这两种例，字都是独体的。苍颉以后，就渐渐把两个字和合起来，变了合体的字，所以又有“形声”“会意”两件条例。甚叫做形声？一旁是字的形，一旁是字的声，所以叫做形声。譬如水有各项，不能统统都叫做水，自然别有一句话，要写这个字出来，若照着象形的例，仍还是个字，不能分别，所以在水字旁又加一个声音，去指定他，譬如江字水旁加个工，河字水旁加个可，水就是形，工和可就是声。甚叫做会意？把两个字的意和合起来成一个意，这就叫做会意。譬如人旁加个言字，就是信字，见得不信就不算人的话，只是狗吠鸡鸣一样。止上加个戈字，就是⿱戈止字，案：楷书写成“武”。见得别人举动干戈，我能去止住他，就是。这个“指事”“象形”“形声”“会意”四件条例，造字的法子略备了。

但是中国有一千六百万方里的地面，中国的本部，从黄帝到现在，有四千年，没有甚大加减。同是一句话，各处的声气自然不能一样，所以后来又添出“转注”一件条例来。甚叫做转注？这一瓶水，辗转注向那一瓶去，水是一样，瓶是两个。把这个意思来比喻，话是一样，声音是两种，所以叫做转注。譬如有个老字，换了一块地方，声音有点儿不同，又再造个考字。有了这一件条例，字就多了。但是人的思想，万变不穷，说话也万变不穷，却往往就这个意思移做别个意思。所以一个字往往包容得三四个意思，又添出“假借”一件条例来。譬如令字，本来是号令，后来发号令的人，也就叫做令，不必别造一个令字。长字本来是长短的长，后来看成年的人，比小孩儿身体长些，也就叫做长，年纪老的也叫做长，做了官，在百姓的上，也就叫做长。有了这一件条例，字就省造许多。这个“指事”“象形”“形声”“会意”“转注”“假借”六件条例，并起来叫做六书。二千九百年前周公做《周礼》的时候，就有六书的名目。不过苍颉造字以后，谁人把独体的字，合做合体的字？这个却没有明据。苍颉造的字，叫做古文，后来合体的字，也叫做古文。到二千七百年前，周朝有个史籀，又把古文整理一番，改了许多新形，叫做“籀文”，也叫“大篆”。到二千一百年前，秦朝有个李斯，又把大篆减省些，叫做“小篆”。那古文、大篆、小篆三项，虽有不同，只是略略改变。秦朝又把小篆减省，叫做“隶书”，现在通行的“楷书”，也还就是隶书。汉朝又把隶书减省，叫做“草书”，现在也是通行。当初用隶书、草书的人，不过为写字烦难，想个方便法门，不晓得通行以后，写字就快，识字就难了。识字为甚难呢？隶书形体方整，象形字都不象了，况且处处省笔，连这两个字是那两个字合起来的，都看不出一点一画，觉得没有甚意思。小孩子识字的时候，不得不用强记，所以识字就难。有说中国字何不改成拼音？我说这个是全不合情理的话。欧洲各国，本来地方不大，蒙古、满洲，地方虽大，人数极少，合起来不过中国十六七县的人口，一国的说话，声气自然一样，所以可用拼音。那个印度就不然，地方和中国本部差不多大，说话分做七十余种，却还要用拼音字，这一处的话，写成了字，到那一处就不懂了。照这样看来，地方小的，可以用拼音字，地方大的，断不能用拼音字。中国不用拼音字，所以北到辽东，南到广东，声气虽然各样，写一张字，就彼此都懂得。若换了拼音，莫说辽东人不懂广东字，广东人不懂辽东字，出了一省，恐怕也就不能通行得去，岂不是令中国分为几十国么？况且古今声气，略有改变，声气换了，字不换，还可以懂得古人的文理；声气换了，连字也换，就不能懂得古人的文理。且看英国人读他本国三百年前的文章，就说是古文，难得了解，中国就不然，若看文章，八百年前宋朝欧阳修、王安石的文章，仍是和现在一样。懂得现在的文章，也就懂得宋朝的文章。若看白话，四百年前明朝人做的《水浒传》，现在也都懂得，就是八百年前宋朝人的语录，也没有甚难解。若用了拼音字，连《水浒传》也看不成，何况别的文章？所为久远计，拼音字也是不可用的。有说拼音字写起来容易，合体字写起来难。这个也不然，中国的单音语，一字只有一音，就多也不过二三十笔，外国的复音语，几个音并成一音，几个音连成一字，笔画也很不少。中国人若是兼学草书，写起来只有比拼音字快，没有慢的。有说拼音字容易识，合体字难识，这个也不然。拼音字只容易识他的音，并不容易识他的义。合体字是难识他的音，却是看见鱼旁的字，不是鱼的名，就是鱼的事；看见鸟旁的字，不是鸟的名，就是鸟的事，识义倒反容易一点。两边的长短相校，也是一样。原来六书的条例，最是精密，断不是和埃及人只有几个象形字一样。若说小孩子识字烦难，也有一个方便法门，叫他易识。第一，要把《说文》五百四十个部首，使他识得，就晓得造字的例，不是随意凑成的，领会得一点，就不用专靠强记。第二，要懂得反切的道理，反切也是和拼音相近，但拼音只把这个音当这个字，反切却是把音注在字旁，叫他容易唤出音来，并不是就把这个音去代那个字，所以反切与拼音，用法不同。但前人做反切，随便把字取来使用，那个能反切的字，尚且读不准音，何况所反切的字，怎么读得准音呢？现前只照三十六字母，改换三十六个笔画最少的字，又照《广韵》二百六韵，约做二十二韵，改换二十二个笔画最少的字，上字是纽，就是别国人唤做子音的。下字是韵，就是别国人唤做母音的。两字一拼，成了反切，注在本字旁边。大凡小孩子们识了五十八个字，就个个字都反切得出来了，但声音要照《广韵》读，果然不可用土音，也不可用北京音。土音固是各处不同，北京音也不算正音，都用不着。我以前曾将五十八个字写出，将来就可以用得哩。第三，要兼学草书，为临时快写的方便，但不可专用草书，不写正字，草书不过是补助的东西罢了。至于当教习的朋友，总要备段注《说文》一部，《广韵》一部，《四声切韵表》一部，《书谱》一部，非但要临时查检，平日也要用心看看。最小的书，像《文字蒙求》，山东人王筠做的，只有薄薄一本。也好给学生讲讲，就晓得文字的妙处了。以上是论教文字的法子。

再说历史，为甚说孔子宣布历史呢？以前中国的历史，只有《尚书》，叙事不大周详，年代也不明白，又还只是贵族政体的时代，民间只识得字，通得文理，并没有历史读，历史只是给贵族读的。孔子以前三百年的时候，才得有《春秋》出来，用编年的体例，叙事都也周详，却还只许贵族读的。孔子以前一百多年，山东有一个齐国，宰相叫做管仲，颇要民间看看历史，也只为替他政府办事，没有别的好心肠。但那个时候，民间看见《春秋》的是少得很。管仲想个法子，凡有读得《春秋》的，给他值二十两黄金的衣服，五方里的田，看他的赏这样重，就晓得读《春秋》的少了。孔子也是由百姓起家，很不愿意贵族政体，所以去寻着一个史官，叫做老子，拜了他做先生，老子就把史书都给他看；又去寻着一个史官，叫做左丘明，两个人把《春秋》修改完全，宣布出来，传给弟子，从此民间就晓得历史了。以前民间没有历史，历史都藏在政府所管的图书馆，政府倒了，历史也就失去。自从孔子宣布到民间来，政府虽倒，历史却不会亡失，所以今日还晓得二三千年以前的事。这都是孔子赐的了。孔子以后三百多年，汉朝有一个史官，叫做司马迁，又做成一部《史记》。又过了一百多年，又有一个史官，叫做班固，又做成一部《汉书》，那个体裁是纪传体，虽和《春秋》不同，但总是看个榜样，摹拟几分。所以《史记》《汉书》的事，仍复可以编排年月。后来人又照着《史记》《汉书》的体做去，一代有一代的史，到如今有二十四史。假如没有孔子，后来就有司马迁、班固，也不能作史。没有司马迁、班固的史，也就没有后来二十二部史，那么中国真是昏天黑地了。二十四史，现在称为正史。此外编年的史，一千六百年前，汉朝有一个荀悦，做一部《汉纪》。一千四百年前，晋朝有一个袁宏，做一部《后汉纪》。九百年前，宋朝有一个司马光，做一部《资治通鉴》，就是从春秋以后到宋朝以前为止，历代的事都有了。一百年前，有一个邵晋涵，替毕沅做一部《宋元通鉴》。这种都是编年的书，比看正史略为简便，但是典章文物，不如正史详明。此外还有纪事本末体，是七百年前宋朝袁枢开头，摹仿《尚书》。近来有七种纪事本末，比看编年体更简便，只是要紧的事，并不在事体大小。纪事本末，只有大事，没有小事，就差了。至于典章制度的书，是仿《周礼》《仪礼》《礼记》做的。一千一百年前，唐朝有个杜佑，做了一部《通典》，算第一美备。后来还有《通志》《通考》，比《通典》万万不如，合起叫做三通。还有续三通，到清朝的三通，合起叫做九通。这四种书都是最大的历史。论开头的，只是孔子一人。所以孔子是史学的宗师，并不是甚教主。史学讲人话，教主讲鬼话，鬼话是要人愚，人话是要人智，心思是迥然不同的。中国人留心历史的多，后来却落个守旧的名目。不晓得历史的用处，不专在乎办事，只是看了历史，就发出许多爱国心来，是最大的用处。至于办事，原是看形势变迁，想个补救的法子，历史不过做个参考，原不是照着他做。却是中国历史上的美事，现在人都不经意，不过看了些奇功伟业，以为办事可以顷刻而成，这真是颠倒的见了。还有人说，中国的历史，只是家谱一样，没有精彩；又说，只载了许多战争的事，道理很不够。这种话真是可笑极了，中国并没有鬼话的宗教，历史自然依帝王朝代排次，不用教主生年排次，就是看成家谱，总要胜那个鬼谱。以前最好的历史，像《春秋》《史记》《汉书》，学术、文章、风俗、政治，都可考见，又岂是家谱呢？后来历史虽是渐渐差了，但所载总不止战争一项，毕竟说政治的得失，论人物的高下，占了大半，讲战争的能有多少呢？可笑那班无识的人，引了一个英国斯宾塞的乱话，说历史载的，都是已过的事，譬如邻家生了一只小猫，问他做甚。不晓自己本国的历史，就是自己家里，并不是邻家，邻家就是外国，外国史也略要看看，何况本国史呢？过去的事，看来像没有什么关痛痒，但是现在的情形，都是从过去渐渐变来。凡事看了现在的果，必定要求过去的因，怎么可以置之不论呢！至于别国人讲的社会学，虽则也见得几分因果，只是他这个理，总合不上中国的事，又岂可任他谩过么？又有人说，中国的历史，不合科学。这种话更是好笑。也不晓他们所说的科学，是怎么样？若是开卷说几句“历史的统系，历史的性质，历史的范围”，就叫做科学，那种油腔滑调，仿佛是填册一样，又谁人不会说呢？历史本来是繁杂的，不容易整理，况且体裁又多，自然难得分析。别国的历史，只有纪事本末一体，中国却有纪传、编年、纪事本末、典章制度四大体，此外小小的体，更有无数。科条本来繁复，所以难得清理。但是一千二百年前，唐朝刘知几做的《史通》，科判各史，极其精密，断非那几句油腔滑调去填的可比。要问谁算科学？谁不算科学呢？至于学堂教科所用，只要简约，但不能说教科适宜的，就是科学。这个也容易了解，若说合科学的历史，只在简约，那么合了科学，倒不得不“削趾适履”，却不如不合科学的好。试看别国没有编年的史，能够把希腊以来，一年一年的事，排比得清楚么？没有纪传的史，能够把不关政治的人，详载在史中么？至于别国的哲学史，就像中国学案一样，别国的文学史，就像中国文士传一样，那又别是一种。不能说有了这种书，正史上就可不载。这样看来，中国历史的发达，原是世界第一，岂是他国所能及的！但是一千年来的正史，却有过于繁碎的病，所以人说看《宋史》《元史》，不如看《宋元通鉴》，也有一理。现在为教育起见，原是要编一种简约的书，这个本来不是历史，只是历史教科书。所以说教育的事，不能比讲学的事，教科的书，不能比著作的书。历史教科书，固然没有好的，初学的也将就可用。凡是当教习的朋友，总要自己的知识，十倍于教科书，才可以补书上的不及。大概《通鉴辑览》必是看过，最吃紧的是四史，必是要看。此外《日知录》也是有用，有这种知识，就可以讲历史。将来的结果，到学生能看这几部书，就很好了。以上是论教历史的法子。

至于哲理，那就深了一层，但书没有历史的繁，这倒是简易一点。中国头一个发明哲理的，算是老子。老子的学问，《汉书·艺文志》说道出于史官。原来老子在周朝，本是做征藏史，所以人事变迁，看得分明。老子这一派，叫做道家。三千五百年前，商朝的伊尹；二千九百年前，周朝的太公；二千五百年前，周朝的管仲，本来都是道家。伊尹、太公的书，现在没了，管仲还有部《管子》留到如今，但管仲兼杂阴阳一派，有许多鬼话。老子出来，就大翻了，并不相信天帝鬼神和占验的话。孔子也受了老子的学说，所以不相信鬼，只不敢打扫干净，老子就打扫干净。老子以后，有二百年，庄子出来，就越发骏逸不群了。以前论理论事，都不大质验，老子是史官出身，所以专讲质验。以前看古来的帝王，都是圣人，老子看得穿他有私心。以前看万物都有个统系，老子看得万物没有统系。及到庄子《齐物论》出来，真是件件看成平等，照这个法子做去，就世界万物各得自在。不晓怎么昏愚的道士，反用老子做把柄，老子的书现在再也不能附会上去。还有人说老子好讲权术，也是错了。以前伊尹、太公、管仲，都有权术，老子看破他们的权术，所以把那些用权术的道理，一概揭穿，使后人不受他的欺罔。老子明明说的“正言若反”，后来人却不懂老子用意，若人人都解得老子的意，又把现在的人情参看参看，凭你盖世的英雄，都不能牢笼得人。惟有平凡人倒可以成就一点事业，这就是世界公理大明的时候了。解老子的，第一是韩非子，在老子后有三百年光景，《解老》《喻老》两篇，说得最好。后来还算王弼，在一千五百年前三国魏朝。河上公的注原是假托，傅奕的注在一千二百年前唐朝时候。更不必说。老子传到孔子，称为儒家，大意也差不多，不过拘守绳墨，眼孔比老子要小得多。孔子以后一百多年有孟子。孟子以后五六十年有荀子。孟子放任一点儿，学问上却少经验。荀子比孟子严整得多，学问上又多经验，说话又多条理。荀子的见解，和庄子纯然相反，但是《正名》《解蔽》两篇，是荀子学问最深的所在，后来人也都不解。老子不看重豪杰，只要“以正治国”。“正”是甚？就是法律。这一点，荀子却相近些。后来变出一种法家，像韩非子，本来是荀子的门徒，又是深于老子的，可惜一味严厉。所以《史记》上说“老子深远”，见得韩非也不及了。儒家从孔子以后，又流出一派名家，有个公孙龙，原是孔子的弟子，就是名家的开宗。此外墨子称为墨家，在孔子后几十年，意思全与儒家反对。《经上》《经下》两篇，也是名家的说，名家就是现在的论理学家。不过墨子、荀子，讲得最好，公孙龙就有几分诡辩。

墨子的书，除去《经上》《经下》，其余所说，兼爱的道理，也是不错。只是尊天敬鬼，走入宗教一路，就不足论了。还有农家主张并耕，也是从老子来。小说家主张不斗，和道家、儒家、墨家都有关系。这七家都是有理的，居间调和的就是杂家。此外有纵横家，专是外交的口辩。阴阳家，就是鬼话，文章都好，哲理是一点不相干的。这十家古来通称九流。大概没有老子，书不能传到民间，民间没有书，怎么得成九流？所以开创学术，又是老子的首功。九流行了不过二百年，就被秦始皇把他的书烧了。秦始皇在二千一百年前。到了汉朝，九流都没有人，儒家只会讲几句腐话，道家只会讲几句不管事的话，农家只会讲几句垦田的话，还算农家实在些。小说家只会讲几句传闻的话，名家、法家、墨家都绝了。杂家虽永远不坏，却没有别人的说话可以采取。倒是阴阳家最盛行，所以汉朝四百年，凡事都带一点儿宗教的意味。到三国以后，渐渐复原，当时佛法也进中国来。佛法原是讲哲理的，本来不崇拜鬼神，不是宗教，但是天宫地狱的话，带些杂质在里面，也是印度原有这些话，所以佛法也不把他打破。若在中国，就不说了。所以深解佛学的人，只是求他的哲理，不讲甚天宫地狱。论到哲理，自然高出老、庄。却是治世的方法，倒要老、庄补他的空儿。后来到宋朝时候，湖南出了一个人叫做周茂叔，名是周敦颐，要想把佛学儒学调和。有一个鹤林寺的和尚，叫做寿涯，对他说：你只要改头换面！周茂叔果然照他的话做去，可惜还掺些道士的话。传到弟子河南程明道，名是程颢，他兄弟程伊川，名是程颐，周、程都是八百年前的人。就把道士的话打扫净了，开了一种理学的宗派，里面也取佛法，外面却攻佛法。那时候陕西还有个张横渠，名是张载，说话几分和二程不同，带几分墨子兼爱的意思。程伊川的学派，传到几代以后，福建有个朱晦庵，名是朱熹。朱熹在七百年前。周、程、张、朱几个人，后来将他的住址出名唤做濂、洛、关、闽。朱晦庵同时，还有个江西陆子静，名是陆九渊，和晦庵不对。陆子静只是粗豪，也取几分佛法。到明朝有个浙江王阳明，名是王守仁，传陆子静的派。世人都把程、朱、陆、王，当做反对的话，其实陆、王，反对朱晦庵，也反对程伊川，到底不能反对程明道。陆、王比伊川、晦庵虽是各有所长，若比明道，是远远比不上。要把理学去比佛学，哲理是远不如，却是持世胜些；若比九流，哲理也不能比得老、庄，论理学也不能比得墨子、荀子，只没有墨子许多尊天敬鬼的话。至于治世，就不能并论了。大概中国几家讲哲理的，意见虽各有不同，总是和宗教相远，就有几家近宗教的，后来也必定把宗教话打洗净了，总不出老子划定的圈子。这个原是要使民智，不是要使民愚。但最要紧的是名家，没有名家，一切哲理都难得发挥尽致。现在和子弟讲，原不能说到深处，只是大概说说。几位当教习的朋友，要先把《庄子·天下篇》《荀子·非十二子篇》《淮南子·要略训》《史记·老庄申韩列传》《孟子荀卿列传》《太史公自序》《汉书·艺文志》《近思录》《明儒学案》，讲一段目录提要的话与学生，再就本书略讲些。没有本书，《东塾读书记》也可以取材。这件事本是专门的学问，不能够人人领会，不过学案要明白得一点。以上是教哲理的法子。这三件事，我本来也有些著作，将来或者送给几位朋友看看，不过今日讲的白话教育，还说不到这步田地。

论教育的根本要从自国自心发出来[①]

（一九〇七年至一九一〇年讲于日本）

本国没有学说，自己没有心得，那种国，那种人，教育的方法，只得跟别人走。本国一向有学说，自己本来有心得，教育的路线自然不同。几位朋友，你看中国是属于哪一项？中国现在的学者，又属于哪一项呢？有人说，中国本来没有学说，那种话，前几篇已经驳过。还有人说，中国本来有学说，只恨现在的学者没有心得，这句话虽然不合事实，我倒愿学者用为药石之言。中国学说，历代也有盛衰，大势还是向前进步，不过有一点儿偏胜。只看周朝的时候，礼、乐、射、御、书、数，唤作六艺，懂得六艺的多。却是历史政事，民间能够理会的很少。哲理是更不消说得。后来老子、孔子出来，历史、政事、哲理三件，民间渐渐知道了。六艺倒渐渐荒疏。汉朝以后，懂六艺的人虽不少，总不如懂历史政事的多。汉朝的人懂六艺，比六国人要精许多。哲理又全然不讲。魏、晋、宋、齐、梁、陈这几代，讲哲理的，仅比得上六国。六艺里边的事，礼、乐、数是一日明白一日。书只有形体不正一点，声音训诂，仍旧没有失去，历史政事自然是容易知道的，总算没有甚偏胜。隋、唐时候，佛教的哲理比前代要精审，却不过几个和尚。寻常士大夫家，儒道名法的哲理就没有。数学、礼学，唐初都也不坏，从中唐以后衰了。只剩得历史、政事，算是唐人擅长。

宋朝人分做几派：一派是琐碎考据的人，像沈括、陆佃、吴曾、陆游、

① 载《教育今语杂志》第三册，一九一〇年五月八日发行，署名独角，后载《章太炎的白话文》。

洪适、洪迈都是。王应麟算略略完全些，也不能见得大体。在六艺里面，不能成就得那一种。一派是好讲经世的人，像苏轼、王安石、陈亮、陈傅良、叶适、马端临都是。陈、马还算着实，其余不过长许多浮夸的习气，在历史既没有真见，在当时也没有实用。一派是专求心性的人，就是理学家了。比那两家，总算成就。除了邵雍的鬼话，其余比魏、晋、宋、齐、梁、陈的学者，也将就攀得上。历史只有司马光、范祖禹两家。司马光也还懂得书学。此外像贾昌朝、丁度、毛居正几个人，也是一路。像宋祁、刘攽、刘奉世、曾巩，又是长于校勘，原是有津逮后学的功。但自己到底不能成就小学家。宋、元之间，几位算学先生出来，倒算是独开蹊径。大概宋朝人还算没有偏胜，只为不懂得礼，所以大体比不上魏、晋几朝（中国有一件奇怪事，老子明说“礼者，忠信之薄”，却是最精于礼，孔子事事都要请教他。魏、晋人最佩服老子，几个放荡的人，并且说“礼岂是为我辈设”，却是行一件事，都要考求典礼。晋朝末年，礼论有八百卷，到刘宋朝何承天，删并成三百卷；梁朝徐勉集五礼，共一千一百七十六卷；可见那时候的礼学，发达到十分。现在《通典》里头，有六十卷的礼。大半是从那边采取来，都是精审不磨，可惜比照原书，存二十分之一了。那时候人，非但在学问一边讲礼，在行事一边，也都守礼。且看宋文帝已做帝王，在三年服里头生太子，还瞒着人不敢说，像后代的帝王，那里避这种嫌疑？可见当时守礼的多，就帝王也不敢公然逾越。更有怪的，远公原是个老和尚，本来游方以外，却又精于《丧服》。弟子雷次宗，也是一面清谈，一面说礼，这不是奇怪得很么？宋朝的理学先生，都说服膺儒术，规行矩步，到得说礼，不是糊涂，就是谬妄。也从不见有守礼的事。只是有一个杨简，通称杨慈湖。在温州做官，遇着钦差到温州来，去和他行礼，主人升自阼阶，宾升自西阶，一件一件都照着做，就算奇特非常，到底不会变通，也不算什么高（照这样看来，理学先生，远不如清谈先生）。

明朝时候，一切学问，都昏天黑地，理学只袭宋儒的唾余，王守仁出来，略略改变些儿，不过是沟中没有蛟龙，鲵鳍来做雄长，连宋朝人的琐碎考据，字学校勘都没有了。典章制度，也不会考古，历史也是推开一卷。中间有几位高的，音韵算陈第，文字训诂算黄生，律吕算朱载堉，攻《伪古文尚书》算梅鷟，算学也有个徐光启，但是从别处译来，并不由自己思索出来，所以

戴震像

不数。到明末顾炎武，就渐渐成个气候。

近二百年来，勉强唤做清朝，书学、数学、礼学，昏黑了长久，忽然大放光明，历史学也比得上宋朝。像钱大昕、梁玉绳、邵晋涵、洪亮吉，都着实可以名家。讲政事的颇少，就有也不成大体。或者因为生非其时，不犯着讲政事给他人用，或者看穿讲政事的，总不过是浮夸大话，所以不愿去讲。至于哲理，宋、明的理学，已经搁起一边了，却想不出一种道理去代他。中间只有戴震，做几卷《孟子字义疏证》，自己以为比宋儒高，其实戴家的话，只好用在政事一边，别的道理，也并没得看见。宋儒在《孟子》里头翻来翻去，戴家也在《孟子》里头翻来翻去。宋儒还采得几句六朝话（大概皇侃《论语疏》里头的话，宋儒采他的意颇多），戴家只会墨守《孟子》。《孟子》一家的话，戴家所发明的，原比宋儒切实，不过哲理不能专据《孟子》。（阮元的《性命古训》，更不必评论了。）到底清朝的学说，也算十分发达了。只为没有讲得哲理，所以还算一方偏胜。若论进步，现在的书学、数学，比前代都进步。礼学虽比不上六朝，比唐、宋、明都进步。历史学里头，钩深致远，参伍比校，也比前代进步。经学还是历史学的一种，近代也比前代进步。本国的学说，近来既然进步，就和一向没有学说的国，截然不同了。但问进步到这样就止么，也还不止。六书固然明了，转注、假借的真义，语言的缘起，文字的孳乳法，仍旧模糊，没有寻出线索，可不要向前去探索么！礼固然明了，在求是一边，这项礼为什么缘故起来？在致用一边，这项礼近来应该怎样增损？可不要向前去考究么？历史固然明了，中国人的种类，从哪一处发生？历代的器具，是怎么样改变？各处的文化，是哪一方盛？哪一方衰？盛衰又为什么缘故？本国的政事，和别国比较，劣的在哪一块？优的在哪一块？又为什么有这样政事？都没有十分明白，可不要向前去追寻么？算学本是参酌中外，似乎那边盛了。这边只要译他就够。但以前有徐光启采那边的，就有梅文鼎由本国寻出头路来；有江永采那边的，就有钱大昕、焦循由本国寻出头路来。直到罗士琳、徐有壬、李善兰都有自己的精思妙语，不专去依傍他人。后来人可不要自勉么！近来推陈出新的学者，也仅有几个。若说现在的学者没有心得，无论不能概全国的人，只兄弟自己看自己，心得的也很多。到底中国不是古来没有学问，也不是近来的学者没有心得，不过用偏心去看，就看不出来。怎么叫做偏心？只佩服别国的学说，对着本国的学说，不论精粗美恶，一概不采，这是第一种偏心。

在本国的学说里头，治了一项，其余各项，都以为无足重轻，并且还要诋毁。就像讲汉学的人，看见魏晋人讲的玄理，就说是空言，或说是异学；讲政事的人，看见专门求是不求致用的学说，就说是废物，或说是假古玩。仿佛前人说的，一个人做弓，一个人做箭，做弓的说："只要有我的弓就好射，不必用箭。"做箭的说："只要有我的箭就好射，不必用弓。"这是第二种偏心（这句话，并不是替许多学者做调人，一项学术里头，这个说的是，那个说的非，自然要辩论驳正，不可模肤棱就算数。至于两项学术，就不该互相菲薄）。

这两项偏心去了，自然有头绪寻出来。但听了别国人说，本国的学说坏，依着他说坏，固然是错；就听了别国人说，本国的学说好，依着他说好，仍旧是错。为什么缘故呢？别国人到底不明白我国的学问，就有几分涉猎，都是皮毛，凭他说好说坏，都不能当做定论。现在的教育界，第一种错，渐渐打消几分；第二种错，又是接踵而来。比如日本人说阳明学派是最高的学派，中国人听了，也就去讲阳明学，且不论阳明学是优是劣，但日本人于阳明学，并没有什么发明，不过偶然应用，立了几分功业，就说阳明学好。原来用学说去立功业，本来有应有不应，不是板定的。就像庄子说："能不龟手一也，或以侯，或不免于洴澼絖。"（不龟手，说手遇了冷不裂；洴澼絖，就是打绵。）本来只是凑机会儿，又应该把中国的历史翻一翻。明末东南的人，大半是讲阳明学派，如果阳明学一定可以立得功业，明朝就应该不亡。又看阳明未生以前，书生立功的也很不少，远的且不必说，像北宋种师道，是横渠的弟子，用种师道的计，北宋可以不亡。南宋赵葵是晦庵的再传弟子，宋末保全淮蜀，都亏赵葵的力。明朝刘基（就是人人称刘伯温的），是参取永嘉、金华学派的人，明太祖用刘基的策，就打破陈友谅。难道看了横渠、晦庵和永嘉、金华学派的书，就可以立得功业么？原来运用之妙，存乎其人。庄子说得好："豕零桔梗，是时为帝。"（豕零，就是药品里头的猪苓，意思说贱药也有大用。）如果着实说去，学说是学说，功业是功业，不能为立了功业，就说这种学说好，也不能为不立功业，就说这种学说坏（学说和致用的方术不同，致用的方术，有效就是好，无效就是不好；学说就不然，理论和事实合财算好，理论和事实不合就不好，不必问他有用没用）。现在看了日本人偶然的事，就说阳明学好，真是道听途说了。

又像一班人，先听见宋儒谤佛，后听见汉学人谤佛，最后又听见基督教人也谤佛，就说佛学不好；近来听见日本人最信佛，又听见欧洲人也颇有许多信佛，就说佛学好；也不论佛学是好是坏。但基督教人，本来有门户之见，并说不出自己的理论来；汉学人也并不看佛书，这种话本可以搁起一边；宋儒是看过佛书了，固然有许多人谤佛，也有许多人直用佛书的话，没有讳饰。本来宋儒的学说，是从禅宗脱化，几个直认不讳的。就是老实说直话，又有几个？里面用了佛说，外面排斥佛说，不过是装潢门面，难道有识的人，就被他瞒过么？日本人的佛学，原是从中国传去，有几种书，中国已经没有了，日本倒还有原版，固是可宝。但日本人自己的佛学，并不能比中国人深，那种华严教、天台教的话，不过把中国人旧疏敷衍成篇。他所特倡的日莲宗、真宗，全是宗教的见解，并没有关系学说的话。尽他说的好，也不足贵。欧洲人研究梵文，考据佛传，固然是好；但所见的佛书，只是小乘经论，大乘并没有几种。有意讲佛学的人，照着他的法子，考求言语历史，原是不错（本来中国玄奘、义净这班人，原是注意在此，但宋朝以后就绝了）。若说欧洲人是文明人，他既学佛，我也依他学佛，这就是下劣的见解了。

胡乱跟人，非但无益，并且有害。这是什么缘故？意中先看他是个靶子，一定连他的坏处也取了来。日本出家人都有妻，明明是不持戒律，既信日本，就与佛学的本旨相反。欧洲人都说大乘经论，不是释迦牟尼说的（印度本来有这句话）。看不定的人，就说小乘好，大乘不好，那就弃精华取糟粕了。佛经本和周公、孔子的经典不同：周、孔的经典，是历史，不是谈理的，所以真经典就是，伪经典就不是；佛经是谈理的，不是历史，只要问理的高下，何必问经是谁人所说。佛经又和基督教的经典不同：基督教是纯宗教，理的是非，并不以自己思量为准，只以上帝耶稣的所说为准；佛经不过夹杂几分宗教，理的是非，要以自己思量为准，不必以释迦牟尼所说为准。以前的人学佛，原是心里悦服，并不为看重印度国，推爱到佛经；现在人如果要讲佛学，也只该凭自己的心学去，又何必借重日本、欧洲呢？

又像一班无聊新党，本来看自国的人是野蛮人；看自国的学问是野蛮学问；近来听见德国人颇爱讲支那学，还说中国人民，是最自由的人民；中国政事，是最好的政事；回头一想，文明人也看得起我们野蛮人，文明人也看得起我们野蛮学问，大概我们不是野蛮人，中国的学问不是野蛮学问了。在学校里边，恐怕该添课国学汉文。有这一种转念，原说他好，并不说他不好，但是受教的人，本来胸中像一块白绢，惟有听受施教的话，施教的人却该自己有几分主意，不该听别人的话。何不想一想，本国的学问，本国人自然该学，就像自己家里的习惯，自己必定应该晓得，何必听他人的毁誉？别国有几个教士穴官，粗粗浅浅的人，到中国来要知这一点儿中国学问，向下不过去问几个学究，向上不过去问几个斗方名士，本来那边学问很浅，对外人说的，又格外浅，外人看中国自然没有学问。古人说的，“以管窥天，以蠡测海”（蠡本来应写蠃，俗写作螺。意思说用蠃壳去舀海水，不能晓得海的深浅），一任他看成野蛮何妨。近来外人也渐渐明白了，德国人又专爱考究东方学问，也把经典史书略略翻去，但是翻书的人，能够把训诂文义真正明白么？那个口述的中国人，又能够把训诂文义真正明白么？你看日本人读中国书，约略已有一千多年，究竟训诂文义，不能明白。他们所称为大儒，这边看他的话，还是许多可笑（像山井鼎、物观校勘经典，却也可取，因为只有案字比较，并不多发议论，其余著作，不过看看当个玩具，并没有可采处。近来许多目录家，看得日本有几部旧书，就看重日本的汉学家，是大错了。皇侃《论语疏》《玉烛宝典》《群书治要》几部古书，不过借日本做个书簏子）。这个也难怪他们，因为古书的训诂文义，从中唐到明代，一代模糊一代，到近来才得真正明白。以前中国人自己尚不明白，怎么好责备别国人！后来日本人也看见近代学者的书，但是成见深了，又是发音极不正当，不晓得中国声音，怎么能晓得中国的训诂？既然不是从师讲授，仍旧不能冰释理解，所以日本人看段注《说文》、王氏《经传释词》，和《康熙字典》差不多。几个老博士，翻腾几句文章学说，不是支离，就是汗漫。日本人治中国学问，这样长久，成效不过如此，何况欧洲人只费短浅的光阴，怎么能够了解？

有说日本人欢喜附会，德国人倒不然，总该比日本人精审一点，这句话也有几分合理。日本人对看欧洲的学说，还不敢任意武断。对着中国的学说，只是乱说乱造，或者徐福东来，带了许多燕、齐怪迂之士，这个遗传性至今还在？欧洲人自然没有这种荒谬，到底时期太浅，又是没有师授，总是不解，既然不解，他就说是中国学问，比天还要高，中国人也不必引以为荣。古人说"一经品题，声价十倍"，原是看品题人是什么？若是没有品题的资格，一个门外汉，对着我极口称赞，又增什么声价呢？听了门外汉的品题，当作自己的名誉，行到教育一边，也有许多毛病。往往这边学究的陋话，斗方名士的谬语，传到那边，那边附会了几句，又传到这边，这边就看做无价至宝；也有这边高深的话，传到那边，那边不能了解，任意胡猜，猜成了，又传到这边，这边又看作无价至宝，就把向来精深确实的话，改做一种浅陋荒唐的话。这个结果，使学问一天堕落一天。

几位朋友，要问这种凭据，兄弟可以随意举几件来。

（一）日本人读汉字，分为汉音、吴音、唐音各种。却是发音不准，并不是中国的汉音、唐音、吴音本来如此，不过日本人口舌屈强，学成这一种奇怪的音。现在日本人说，他所读的，倒是中国古来的正音，中国人也颇信这句话。我就对那个人说，中国的古音，也分二十几韵，那里像日本发音这样简单。古音或者没有凭据，日本人所说的古音，大概就是隋唐时候的音。你看《广韵》现在，从《广韵》追到唐朝的《唐韵》，隋朝的《切韵》，并没有什么大变动。照《广韵》的音切切出音来，可像日本人读汉字的声音么？那个人说，怎么知道《广韵》的声音不和日本声音一样？我说，一项是声纽（就是通称字母的），两项是四声，从隋唐到现在，并没有什么大改，日本可有四声么？可有四十类细目么？至于分韵，元明以来的声音，比《广韵》减少，却比日本还多。日本人读汉字，可能像《广韵》分二百六韵么？你看从江苏沿海到广东，小贩做工的人，都会胡乱说几句英语，从来声音没有读准，假如几百年后，英国人说："我们英国的旧音失去了，倒是中国沿海的人，发得出英国的旧音。"你想这句话，好笑不好笑？

（二）日本人常说："日本人读中国的古文就懂得，读中国的现行的文就不懂得，原来中国文体变了，日本人作的汉文，倒还是中国的古文。"这句话，也颇有人相信。我说：日本的文章，用助词非常的多，因为他说话里头助词多，所以文章用助词也多。中国文章最爱多用助词的，就是宋、元、明三朝，所以日本人拿去强拟，真正隋唐以前的文章，用助词并不多。日本可能懂得么？至于古人辞气，和近来不很相同，就中国人粗称能文的，还不能尽解，更何论日本人？自从王氏做《经传释词》，近来马建忠分为八品，做了一部《文通》，原是用法文比拟，却并没有牵强，大体虽不全备，中国的词，分起来，总有十几品，颇还与古人辞气相合，在中国文法书里边，也算铮铮佼佼了！可笑有个日本人儿岛献吉，又做一部《汉文典》，援引古书，也没有《文通》的完备，又拿日本诘诎聱牙的排法，去硬派中国文法，倒有许多人说儿岛的书比马氏好得多，因为马氏不录宋文，儿岛兼录宋文。不晓中国的文法，在唐朝早已完备了，宋文本来没有特别的句调，录了有什么用？宋文也还可以读，照着儿岛的排列法，语势蹇涩，反变成文理不通，比马氏的书，真是有霄壤之隔。近来中国反有人译他的书，唉！真是迷了。日本几个老汉学家做来的文字，总有几句不通，何况这位儿岛学士。现在不用拿两部书比较，只要请儿岛做一篇一千字长的文章，看他语气顺不顺，句调拗不拗？再请儿岛点一篇《汉书》，看他点得断点不断？就可以试验得出来了！

（三）有一个英国人，说中国的言语，有许多从外边来，就像西瓜、芦菔、安石榴、蒲桃（俗写作葡萄）是希腊语，师子是波斯语，从那边传入中国。这句话，近来信的虽不多，将来恐怕又要风行。要晓这种话，也有几分近理。却是一是一非，要自己检点过。中国本来用单音语，鸟兽草木的名，却有许多是复音语。但凡有两字成一个名的，如果两字可以分解得开，各自有义，必不是从外国来。如果两字不能分解，或者是从外国来。蒲桃本不是中国土产，原是从西域取来，枝叶既不像蒲，果实也不像桃，唤做蒲桃，不合中国语的名义，自然是希腊语了。师子、安石榴，也是一样。像西瓜就不然，瓜是蓏物的通名，西瓜说是在西方的最好。两个都有义，或者由中国传到希腊去，必不由希腊传到中国来。芦菔也是中国土产，《说文》已经列在小篆，两个字虽则不能分解，鸟兽草木的名，本来复音语很多，也像从中国传入希腊，不像从希腊传入中国。至于彼此谈话，偶然一样，像父母的名，全地球没有大异。中国称兄做昆，转音为哥；鲜卑也称兄为阿干。中国称帝王为君，突厥也称帝王为可汗。中国人自称为我，拉丁人也自称为爱伽。中国吴语称我辈为阿旁（《洛阳伽蓝记》，自称阿侬，语则阿旁），梵语也称我辈为阿旁。中国称彼为他，梵语也称彼为多他。中国叹词有呜呼，梵语也是阿蒿。这种原是最简的语，随口而出，天籁相符，或者古来本是同种，后来分散，也未可知？必定说甲国的语，从乙国来；乙国的话，从甲国去，就是全无凭据的话了（像日本许多名词，大半从中国去。蒙古的黄台吉，就是从中国的皇太子变来。满洲的福晋，就是从中国的夫人变来。这种都可以决定。因为这几国都近中国，中国文化先开，那边没有名词，不得不用中国的话，所以可下断语。若两国隔绝得很远的，或者相去虽近，文化差不多同时开的，就不能下这种断语）。有人说中国象形文字从埃及传来；也有说中国的干支二十二字，就是希腊二十二个字母，这种话全然不对。象形字就是画画，任凭怎么样草昧初开的人，两个人同对着一种物件，画出来总是一样，何必我传你，你传我？干支二十二字，甲、己、庚、癸是同纽，辛、戌是同纽，戊、卯、未，古音也是同纽，比如干支就是字母，应该各是各纽，现在既有许多同纽的音，怎么可以当得字母？这种话应该推开。

（四）法国人有句话，说中国人种，原是从巴比伦来。又说中国地方本来都是苗人，后来被汉人驱逐了。以前我也颇信这句话，近来细细考证，晓得实在不然。封禅七十二君，或者不纯是中国地方的土著人，巴比伦人或者也有几个。因为《穆天子传》里面谈的，颇有几分相近；但说中国人个个是从巴比伦来，到底不然。只看神农姜姓，姜就是羌，到周朝还有姜戎，晋朝青海有个酋长，名叫姜聪，看来姜是羌人的姓。神农大概是青海人；黄帝或者稍远一点，所以《山海经》说在身毒（身毒就是印度），又往大夏去采竹，大夏就是唐代的睹货逻国，也在印度西北，或者黄帝是印度人。到底中国人种的来源，远不过印度、新疆，近就是西藏、青海，未必到巴比伦地方。至于现在的苗人，并不是古来的三苗；现在的黎人，并不是古来的九黎。三苗、九黎，也不是一类。三苗在南，所以说左洞庭，右彭蠡；九黎在北，所以《尚书》《诗经》都还说有个黎侯，黎侯就在山西。蚩尤是九黎的君（汉朝马融说的），所以黄帝从西边来，蚩尤从东边走，赶到涿鹿，就是现在直隶宣化府地界，才决一大战。如果九黎、三苗，就是现在的黎人、苗人，应该在南方决战，为甚到北方极边去，难道苗子与鞑子杂处？三苗是缙云氏的子孙（汉朝郑康成说的），也与苗子全不相干。近来的苗人、黎人，汉朝称为西南夷，苗字本来写髳字，黎字本来写俚字，所以从汉朝到唐初，只有髳俚的名，从无苗黎的名。后来人强去附会《尚书》，就成苗黎，别国人本来不晓得中国的历史，听中国人随便讲讲，就当认真。中国人自己讲错了，由别国去一翻，倒反信为确据，你说不要笑死了？

（五）法国又有个人说，《易经》的卦名就是字书，每爻所说的话都是由卦名的字，分出多少字来。这句话，颇像一百年前焦循所讲的话。有几个朋友也信他。我说，他举出来的字，许多小篆里头没有，岂可说文王作《周易》的时候，已经有这几个字？况且所举的字，音也并不甚合。在别国人想到这条路上，也算他巧思，但是在中国人只好把这种话做个谈柄，岂可当他实在？如果说他说的巧合，所以可信，我说明朝人也有一句话，比法国人更巧：他说《四书》本来是一部书，《论语》后边说“不知命”，接下《中庸》开口就说“天命之谓性”；《中庸》后边说“予怀明德”；接下《大学》开口就说“在明明德”；《大学》后边说“不以利为义，以义为利也”，接下《孟子》开口就说“王何必曰利，亦曰仁义而已矣”。这倒是天然凑合，一点没有牵强。但是信得这句话？明末人说了，就说他好笑，法国人说了，就说他有理，不是自相矛盾的？

上面所举，不过几项，其余也举不尽。可见别国人的支那学，我们不能取来做准，就使是中国人不大深知中国的事，拿别国的事迹来比附，创一种新奇的说，也不能取来做准。强去取来做准，就在事实上生出多少支离，学理上生出多少缪妄，并且捏造事迹。（捏造事迹，中国向来没有的，因为历史昌明，不容他随意乱说；只有日本人，最爱变乱历史，并且拿小说的假话当做实事。比如日本小说里头，说源义经到蒙古去，近来人竟说源义经化做成吉思汗，公然形之笔墨了。中国下等人，相信《三国志演义》里头许多怪怪奇奇的事，当做真实，但在略读书的人，不过付之一笑。日本人竟把小说的鬼话，踵事增华，当做真正事实，好笑极了。因为日本史学，本来不昌，就是他国正史，也大半从小说传闻的话翻来，所以前人假造一种小说，后来人竟当做真历史，这种笑柄，千万不要风行到中国才好！）舞弄条例，都可以随意行去，用这个做学说，自己变成一种庸妄子；用这个施教育，使后生个个变成庸妄子，就使没有这种弊端，听外国人说一句支那学好，施教育的跟着他的话施，受教育的跟着他的话受，也是不该！上边已经说了，门外汉极力赞扬，并没有增甚声价，况且别国有这种风尚的时候，说支那学好；风尚退了，也可以说支那学不好。难道中国的教育家，也跟着他旅进旅退？现在北京开经科大学，许欧洲人来有游学，使中国的学说，外国人也知道一点儿，固然是好；但因此就觉得增许多声价，却是错了见解了。大凡讲学问施教育的，不可像卖古玩一样，一时许多客人来看，就贵到非常的贵；一时没有客人来看，就贱到半文不值。自国的人，该讲自国的学问，施自国的教育，像水火柴米一个样儿，贵也是要用，贱也就要用，只问要用，不问外人贵贱的品评。后来水越治越清，火越治越明，柴越治越燥，米越治越熟，这样就是教育的成效了。至于别国所有中国所无的学说，在教育一边，本来应该取来补助，断不可学《格致古微》的口吻，说别国的好学说，中国古来都现成有的。要知道凡事不可弃己所长，也不可攘人之善。弃己所长，攘人之善，都是岛国人的陋见，我们泱泱大国，不该学他们小家模样！

常识与教育[①]

(一九〇七年至一九一〇年讲于日本)

现在有许多人说:“教育的第一步,就是使人有常识。”我说这句话是最不错,只可惜他们并不晓得什么是常识。原来精深的学问,本来有两路:一路是晓得了可以有用的;一路是晓得了虽没有用,但是应该晓得的。譬如天上的北斗星,我识得了也无益,我不识得也无损;又像甲、子、乙、丑这种名目,排得下也没有利,排不下,像元朝的诏令,称子年作鼠儿年,称午年作马儿年,也没有害。这个就叫晓得了没有用,但虽是没有用,毕竟应该晓得,若不晓得,就算常识不完全。这是第二路的话。第一路是晓得了可以有用,看来总是应该晓得的,但也不能一定,因为事业是各人不同,作这一项事业的人,晓得了这件事就有用,作那一项事业的人,晓得了这件却没用。也有这一项人,晓得这一件事,到这一步田地,觉得常识已经有了;那一项人,晓得这一件事,到这一步田地,仍旧算常识缺乏的。并不说两个都是专门名家,只说两边都是通常人,也有这种差别。所以常识也难得定准。且看中国古来,大概分人作士、农、工、商四项。这四件名目,原是管仲分出来的,和《周礼》也不同,和近日也不狠同。管仲所说的士,只是预备作官作书办的材料,今日却是各种读书的人,都叫作士。其余农、工、商大概相同。但《周礼》分人为九识,农人以外,要加上二项。一项是种菜种果的人,就叫作园圃;一项是培养木材柴薪的人,就叫作虞衡。这两项人,便统统叫作农人,也通得去,不过事业到底不同。还有一项,专作畜牧的人,叫作薮牧。

① 载《教育今语杂志》第二册,一九一〇年四月九日出版,原题《社说》,署名独角,后载《章太炎的白话文》。

章太炎在日本

更有一项，专作纺绩织纴的人，叫作嫔妇。这两项人，应该特别归一类的。其余工人商人，古今所同。此外《周礼》所说的臣妾，就是奴婢，这一项人，近来是渐渐少了。至于预备作官作书办的人，和各种读书的人，依《周礼》看来，不过是一种间民。大概士、农、工、商、薮牧、嫔妇六种，可以概全国的人了。在这六种中间，又还有各项分别，所以各项人所要的常识，也就不同。比如士人不识得五谷的很多，农人却多识得，如果农人不识得五谷，就算不得农人。一国中间，原是农人最多，农人的种类，又没有工人、商人的繁，似乎农人所晓得的，别人也该个个晓得，哪里知道分别五谷的常识，除了农人，只有米商药商还略略备些，其余却多没有。这个也怪不得，就识得五谷，于他的事业上，没有用处，所以就不去理会。但是有句通融的话，不识得他的实，总须晓得他的名，就像五谷是那五项？本来正名是什么？现在通名是什么？晓得了这一点儿，就看见五谷的实形，不能分别，也就罢了。哪里知道连这五项名目都不晓得的，还是尽多。这个真要算常识不备了。至于工人、商人，种类是非常的多，自然这项工人，不晓得那项的手法，这项商人，不晓得那项的货物，本来不晓得也无害。却有一种人说，不懂得极深的算学，并不算常识不备，加减乘除开方都不懂得，就要算常识不备了。我说这句话颇不对，仿佛寻常买卖的商人，只要晓得加减乘除四率比例，也就够用，连开方法也用不着。至于做工人的，像木匠、石匠一流，就只晓得开方法，还不够用，到底少广句股必要晓得。固然现在的木匠、石匠，不是真正明白，但指着一件木器、石器问他，这边竖的是几数，这边横的是几数，你说那条斜弦应该几数，他对出来的，总没有什么大差。就因为这个法子，他必定要晓得的，若不晓得，合不成一个器皿，造不成一架房屋，岂不是商人可以不晓得的，工人却必须晓得么？大凡一国中间少数人特晓得的，可以说不是常识。木匠、石匠并不是一国中少数的人，难道算术的常识，就到开方止么？不过寻常教育的话，差不多是为间民说法，所以说得地步极浅，但我看了也有几分不对。且看通常的读书的人，和打卦、行医的人，一样是间民，本来差不多略读经典，除出经典以外，别的书原是各人各读。但这经典里头，通常的读书人，应该比打卦、行医的人，识得多一点儿。哪里知道，《易经》里面各宫的卦，有一世、二世、三世、四世、五世、游魂、归魄的名目，打卦的人都晓得，通常读书人倒不能都晓得。《尔雅》里头说的月名，行医的都晓得，通常读书人倒不能都晓得。假如说打卦人记得各宫的卦，是因他的职业上不得不用，那么医生晓得月名，于他的职业有什么相关？难道写了正月为陬、二月为如，药方就处得好，不写，药方就处得坏么？这种本来是经典里头最明白的常识，通常读书人倒不知，打卦、行医的人倒知，这样看来，通常读书人的经典常识，反比不上打卦、行医的人，这就不能用职业的话去推诿了。现在也不要和打卦行医的人比较，且说古人的教育法，不过是礼、乐、射、御、书、数六种。到孔子以后，历史、地理、哲学、政治各项，都渐渐起来。射、御两种，近来用处固然是少。乐呢，大概少理会得的，但历代政府都还有太乐，就是民间用的乐器，也还不少。俗乐、雅乐，虽是不同，但是调子可以相转；洞箫、长笛，到底雅俗没有大差，也不该把近日的乐统统忘了，不过不甚要紧就是。礼的古今雅俗不同，比乐的古今雅俗不同，差数更大。但现在也有常行的礼，丧服一项，和古礼不同的，不过十分之三。其余古礼太繁重的，近来原不能行得去，不过称呼名号，却是要紧，断不可随俗乱写。所以礼比乐是要紧一点。惟有书、数两项，是一切学问的本根。论致用呢，致用也最广；论求是呢，求是也最真。书就一向唤作小学，数就一向唤作算学（本来汉朝也唤小学）。小学从宋朝以后，渐渐的衰落，到明朝就全没有。算学却到宋末反好起来。近来二百年间，小学算学，是同时长进的，却是近二十年来，有算学知识的，比有小学知识的反多。要两项双提起来，也还不难。最可笑是那一班讲政治的人，小学算学都不懂。对着算学，因为外国人原是精的，还不敢菲薄，对着小学，自己不懂，还要加意的诽谤。总之，讲政治的人，常识实是不备，也不必多说了。讲了政治呢，法理学、政治学的空言，多少记一点儿，倒是中国历代的政治，约略有几项大变迁，反不能说。这还算是久远的事情，只问现在的政治，几种的款目，几种款目中间，真正的利弊在那里，又说不出来。看来他们所说的政治法理，像一条钱串绳子，只得一条绳子，并没有一个钱可穿。没有钱，只有绳子，也罢了，又不预先想想，钱孔有多少大，这条绳子穿得进穿不进？钱有多少重，这条绳子会顿断不会顿断？就是钱都备了，这条绳子，还未见用得着，只好在没钱的时候，用这条空绳子，盘弄盘弄就是。政治本来不是最深的学问，还不能说，他的常识在哪里呢？

再说历史。历史本来是方格的，不是圆遍的，自然晓得本国的历史，才算常识；不晓得本国的历史，就晓得别国的历史，总是常识不备。但近来人把拿破仑、华盛顿都举得出来了，李斯、范增倒反有举不出的，这种原是最下等的人。高一点儿的呢，晓得欧洲诗人文豪的名字，却不晓得中国近二百年来，文章谁是最高；晓得欧洲古代都卷发，却不晓得中国汉朝是着怎么样的衣冠。这还算有历史的常识么？再说地理，个个人都晓得五大洲的名和欧洲美洲各国的名了，倒问中国各省，湖南、湖北，本来不到两广的地面，为什么两湖总督，称为湖广总督呢？江西省只在江南，为什么为江西呢？却是不能对的尽多。这还算有地理的常识么？哲学本来不必个个都晓得，只问倍根、笛佉尔，你都晓得了，近代中国讲理学的，那几位算成就？梭格拉地、柏拉图，你都晓得了，中国七国时候的九流，你也数一数看，若说得不对，就算没有常识了。所以我曾经对着好讲常识的人，发几条策问：

先问：老兄有经典常识么？说：有！那么就问：

《周礼》说的吉、凶、宾、军、嘉五礼，能把《仪礼》十七篇去分配么？

现在《尚书》五十八篇，哪几篇是真？哪几篇是假？

《周礼》的六官，和近代的六部，怎么样的不同？

《春秋》的三传，哪一家的传最先成？哪一家的在第二次？哪一家的在第三次？郑司农是什么人？

再问：老兄有历史的常识么？说：有！那么就问：

二十四史，哪几部有本纪有表有志？哪几部没有本纪？哪几部没有表？哪几部没有志？

欧洲人在什么时候初通中国？

从秦朝到现在，哪一代有丞相？哪一代没丞相？

从秦朝以后，哪几代郡县都有学校？哪几代没有？

古来所说的井田法，到什么时候真正废了？

再问：老兄有地理的常识么？说：有！那么就问：

汉朝有郡县的地方，比现在中国本部大小广狭是怎么样子？

明朝两京十三省的地方，比现在中国本部大小广狭是怎么样子？

中国现在的人口，照本部地面分起来，一个人该有几亩田？

苗人真是上古的三苗么？

中国各省，为什么大小不同到这个样子？

再问：老兄有清代政治的常识么？说：有！那么就问：

清初设大学士的衙门有几个？

清初有几个布政使？

制币本来只有铜钱，为什么赋税反用银子计算？

正税是哪几件？

从九品未入流的俸银，为什么比兵反少？

再问：老兄有礼俗的常识么？说：有！那么就问：

独子兼祧的制度，从什么时候起来？到底合不合呢？

生母的父母兄弟，儿子都不认作外亲，照法律应该怎么样？

什么时候才有偶像？

什么时候才有砂糖？

什么时候才有桌子椅子？

上边问的几件，原是最平淡的常识，并不像从前考博学宏词、出“五六天地之中合”的题目。现在考留学生，出“汉之尧舜禹汤”的题目，去难那班《汉书》不熟的人，那种就不晓得，也不好十分责备。这种却是不同。若去翻书，也容易对得出，不过既然唤作常识，应该当面问了，当面对得出来。如果当面对不出来，就算常识缺乏。所问的不过随便摭拾几件，也并不是就止于此。诸如此类，大概有几百条。这种本来是士人应该晓得的。那些农人、工人、商人所应该晓得的，尽有在这几件以外，不过这几件，农人、工人、商人倒不必一概晓得，所以说常识也看职业去分。若说农人、工人、商人所不必晓得的，就不是常识，士人也可以不必晓得，那就应该问他：农人、工人、商人所晓得的，你也能够晓得么？既然不晓得那几件，自然要晓得这几件，岂可以再少呢！本来士人原是间民，间民既然没有事，有空儿去求知识，知识本来该比农人、工人、商人富一点。但现在也不过一有一无，照这样看来，就最下级的常识，也是无边，难得理会许多，不是分明为职业所限么。不过职业里头所应该晓得的，万不能少。就职业论常识，说得广了，又是无边。所以我说，这要本国人有本国的常识，就是界限。古人说的，“切问近思”这句话最不错。有了这种常识，好广的再求广，好精的再求精，那是渐渐的远去，渐渐的上去了。若是不然，专好精的，或者弊病还少；专好广的，就是全然空虚。譬如一滴的水，吹成一个大泡，外面看来虽大，中间纯然没有，那个弊病就很多哩！

大概常识，总是从书、数起，后来再晓得一点历史，这就是不得不过的关。书并不是要真成就小学家，数并不是要真成就算学家，历史并不是要真成就史学家，不过晓得大概。现在的教科书，只有算学还像样，历史真是太陋。（只有夏曾佑所作《中学历史教科书》，比别人不同，可惜他所发明的，只有宗教最多，其余略略讲一点儿学术，至于典章制度，全然不说，地理也不分明，是他的大缺陷。但近来的教科书，这样也算好了。）小学更是全然不讲，到底总是个空架子。有一班胡乱的人，乱扯几句佛经的话，说“离绝语言文字”。我说果然能够离绝语言，自然可以离绝文字，只问现在能够离绝语言么？况且离绝语言文字，就该把一切书都不读，为什么还去读别的书？佛经的话，本是说到最高一层，不是可以随便扯来当通俗用。就像庄子说的：“得鱼忘筌，得兔忘蹄。”原是说得了鱼兔以后，可以不用筌蹄，并不说不用筌蹄，可以得到鱼兔。鱼兔既得到了，不要第二回再求鱼兔，筌蹄固然可弃了，若第二回还要再求鱼兔，仍旧不得不用这个筌蹄。语言文字，也是这样看，第一回用语言文字去表意见，意见已经明白，固然可以不再加语言文字。但人的一生，意见没有尽的一日，第二回还是要表意见，仍还要用着这个语言文字。要用语言文字去表意见，这个语言文字就不能不讲究，也像要用筌蹄去求鱼兔，这个筌蹄就不能不造得精巧。现在第一总要把六书懂得，明了本义本形，再讲音韵，懂得音韵，假借的道理就明白，那么才得不写别字，不说乱话。孔子说的：“必也正名乎！”什么叫正名？古人唤字作名，正名就是讲究六书，也只把近人所注的《说文》《尔雅》《方言》《广雅》和几部讲古韵的书看看，就有眉目，若要编作课本，也是不难。书、数通了，就要讲历史。历史原是繁博的东西，简约的说起来，也有头绪。看历史不是只要记得秦朝汉朝的名号，也不是只要记得出名的帝王出名的将相。纪传本是以人为主，评量人物，虽不可少，但人物有各种各色，若专去仰慕英雄，就鄙倍的极了。大概历史中间最要的几件，第一是制度的变迁；第二是形势的变迁；第三是生计的变迁；第四是礼俗的变迁；第五是学术的变迁；第六是文辞的变迁；都在志和杂传里头（什么叫做杂传？像《游侠列传》《货殖列传》《滑稽列传》《儒林列传》《文苑列传》《方术列传》《逸民列传》，都叫做杂传。但最出色的人，又格外有传）。把这几件为纬，历年事迹为经，就不怕纷无头绪。只是编起教科书来，经不过占了四分之一，纬倒要占了四分之三。本来历史最重的是书、志，现在也该照这条路编去。此外姓氏有汉姓虏姓的不同，律历也有各代的差异，这种要专家才得理会，初学也没有心思去记他，只得将就说说罢了。我看算学近来颇明，只六书和历史，并没有教科书（历史教科书就有也不能算），自然难怪学生常识不备啊！

临了再说一句要紧话：常识不是古今如一，后来人的常识，应该胜过古人，但要求一代一代的人，常识辗转增进，就不可使全国只有常识的人，必要有几十个独到精微的学者，想成一种精致的理，平易透露的说出来。在自己想的非常难，叫后生学的非常易，那么常识就可以辗转增进了。也不举远的为说，就举书、数、历史三项，你看宋朝到明朝七百年间，韵学是非常模糊，今韵尚且难得理会，何况古韵？至于文字训诂，也都衰敝到极处，后来有顾炎武作《音学五书》、段玉裁注《说文解字》，当时两位先生都费几十年的功夫，才得作成。到近来顾氏、段氏的话，就变为常识了。《九章》所说的圆率，径一周三，非常粗疏，后来汉朝的刘歆、张衡，三国的刘徽、王蕃，都去自立密率，总有点儿不对，及到宋朝（上接晋朝的宋朝，不是下接元朝的宋朝）祖冲之，才有一定的圆率。《九章》里面，本有盈朒方程两法，可以驭得错杂隐没的数，但布算非常繁碎。及到元初有李冶、朱世杰几家，想出天元四元的法子来，布算也就简易。当初几位先生，不晓得耗多少心血，费多少年月，才想得这种法子出来。到近来祖氏圆率，万国通行，李氏朱氏的天元四元，传到印度以西，演为代数，也就变常识了。向来正史是纪传体，要晓得事迹先后，一时却不容易，及到宋朝（下接元朝的宋朝）司马光撰成一部《资治通鉴》，不但年月的先后，看了憭然，就是日子的先后，也都明白。向来正史虽有书志，也往往有不备的，就是有书志的史，还不能记得周详。及到唐朝杜佑，再取各数典的书，编成一部《通典》，把前代的典章制度，统统明白。当时两位先生，也是寝食俱废，才得作成这书。到近来就像按图索骥的容易，也变为常识了。这样说常识到这步田地就了么？也还不了！且看诸家以后，补他的缺漏的也还多。再创一种精密的条例的也还有，所以说必要有几十个独到精微的学者，才得使后生的常识，辗转增进。若全国只有常识的人，古今就永远只有这等的常识，岂不是壅滞不流的样子么！但胡乱自命政治家的人，自己不肯去作费心的事体，也不愿别人去作费心的事体。仔细想想看，成就一个政治家，比成就一个围棋国手，那个能力差得很远。为什么原故呢？向来说："君子求诸己。"又说道："仁者先难而后获。"围棋国手，是求诸己的，政治家却是因人成事；围棋国手，是先难后获的，政治家却是坐享现成。就有几个削平大难开倡法度的，要用一点自己的智力，但总是碰机会成事，到底比不上围棋国手。作学者譬如作围棋国手，教人增进常识，譬如刻棋谱给人看，与政治家的法子全然不同。就政治上看来，就常识永远没得增进，也是不大要紧，不过全国的大计，本不是专靠政治。现在讲教育的话，须要把那种短见陋想打开。我这两句话，诸位朋友都要记在心里；说没有独到精微的学者，就没有增进的常识；没有极好的著作，就没有像样的教科书。

留学的目的和方法[①]

（一九〇七年至一九一〇年讲于日本高等师范）

做一件事，说一句话，最怕的别人要问：什么缘故？现在问诸君在这边留学，是什么缘故？又问回家去教育子弟，是什么缘故？大概总说求学是要

章太炎与留日学生合影

① 载《教育今语杂志》第四册，一九一〇年四月二十九日发行，原题《庚戌会演说录》，署名独角，后载《章太炎的白话文》，改为《留学的目的和方法》。

使自己成有用之才，教育是要他人成有用之才。这句话，原是老生常谈，但看起来，有几分不对。致用本来不全靠学问，学问也不专为致用。何以见得呢？你看别国的政治学者，并不能做成政治家，那个政治上的英雄伟人，也不见他专讲究政治学。政治本来从阅历上得来的多，靠书籍上得来的少。就像中国现在，袁世凯不过会写几行信札，岑春煊并且不大识字，所办的事，倒比满口讲政治的人好一点儿。又向实业一边看来，日本农科大学的学问，颇还好了，也该有几分行到民间，但民间农业仍旧不好，请到日本田边一看，秋收以后，椿子还在，并不知道收后要耕一次，直到来年下种，方才去耕，所以每年收获，不过同中国山东一样。中国江苏、浙江、江西的农人，两只黄耳朵，并没有听人说过什么农学，收获倒比日本加倍。固然几分靠着地质，到底是农人勤耕美粪的力居多。可见在致用上，第一要紧是阅历，第二要紧是勤劳，书本子上的学问，不过帮助一点儿，那里有专靠帮助的！学问本来是求智慧，也不专为致用。中国古代的学问，都趋重致用一边，因为当时的人，只有看外边的眼光，没有看里边的眼光，觉得学了无用，不如不学。但到战国时候，已经渐渐打破。近来分科越多，理解也越明，自己为自己求智识的心，比为世界求实用的心，要强几倍，就晓得学问的真际，不专为致用了。况且致用的学问，未必真能合用；就使真能合用，还有一件致用的致用，倒不得不碰机会，机会不巧，讲致用的还是无用。专求智慧，只要靠着自己，并不靠什么机会，假如致用不成，回去著书立说。那件致用的方法，又是各时各代不同，近几代有用的，将来又变成没用，这书也就废了，不是枉废精神么？至于专求智慧，见得几分真理，将来总不能泯没。就有一点儿漏洞，总不会全局都翻，这书倒还可以传到后来。照这两样看起来，讲学问的，又何苦专向致用一路呢！在政府设许多学校，原只望成就几个致用的人，至于学生求学，以及教人求学，就不该专向致用一面。大概诸君心里，自己都晓得有自己，也晓得他人都有自己，未必是专向外边去驰逐的。

还有人说，求学是为修养道德，教人是为使人修养道德。兄弟看起来，德育、智育、体育这三句话，原是应该并重。不过学校里边的教育，到底与道德不相干。兄弟这句话，并不是像教士的话，说道德都在礼拜堂里。但道德是从感情发生，不从思想发生。学校里边，只有开人思想的路，没有开人感情的路。且看农工商贩，有道德的尽多，可见道德是由社会熏染来，不从说话讲解来。学校里边，修身的教训，不过是几句腐话，并不能使人感动。再高了，讲到伦理学，这不过是研究道德的根源，总是在思想上，与感情全不相关。怎么能够发生道德出来？况且讲伦理讲修身的教习，自己也没有什么道德，上堂厚了面皮，讲几句大话，退堂还是吃酒狎妓。本来他为自己的饭碗，不得不虚应故事，去讲几句。俗话说的“做一日和尚撞一日钟”，这个就是伦理学教师的职分。说话与感情本没相干，自己的道德，又不能为学生做表仪，要想学生相观而善，不是“煮沙成饭”么！不单是这样说，先生就果然有道德，也未必能成就学生。何以见得呢？中国的孔夫子，道德就不算极高，总比近来讲伦理学的博士要高一点，教出来的学生，德行科也只有四个。其余像宰我就想短丧，冉有就帮季氏聚敛，公伯寮还要害自己同学的人，有什么道德！郑康成的道德，能够感化黄巾，倒是及门的郗虑，害了孔融，又害了伏后，始终不能受郑康成的感化。后来几位理学先生，像二程的道德，也算可以了，教出来的学生，有一个邢恕，和蔡京、章惇一党，名字列在《宋史·奸臣传》。孔子、郑康成、二程，道德是本来高的，所设的又是学会，不是学校，先生学生的亲切，总不像学校里头，见面日久，还不识学生的姓名。尚且有一般学生，反背道德的，何况入广大无边的学校，从空口大话的教习，于道德有什么益处？兄弟看来，大凡一处地方，人聚得越多，道德就越腐败，像军营、寺院、学校都是一样。寺院里边的人，满口高谈道德，还有许多戒律约束他，道德尚且不好；军营里边，有极严厉的军法，逼得军人一步不得自由，也不过勉强把面子糊了去；学校里边，规则本来较宽，实在也不能用严厉的法子硬去逼束，空空的聚了许多人，道德自然难得好的。就有几个好的，或者天资本来醇厚，或者是从他的家教得来，或者所交的朋友，都还是品行端方，所以不很走作，并不是学校能够养成他的道德。但一切讲教育的人，总要把德育的话敷衍门面。不过因为道德是人间必不可少的东西，若开口说我这个学校里不讲道德，面子有点儿过不去，所以只好撑这个虚架子。究竟学校里面所讲的，在智育一面多，在德育一面少。就有几句修身伦理的话，只像唱戏，先要天官出场，到底看戏，并不要看天官。跳天官的也不是有名角色，学生听讲的，并不要听伦理修身的话，讲伦理修身的，也不见得是有道德的人。诸君不要说兄弟的话太刻薄，只要自己问一问自己的心，再向上看一看那个教习，一定要说兄弟的话是先得我心了。如果揭开帘子，说几句亮话，只要说学校本来为智育，并不是为德育，道德果然不可缺乏，却并不是学校的教育所能成就。诸君果然道德完具，也不能在学校里头，把道德送给他人。以后从事学校的教育，可以拏定主意，向智育一方去，不必再装门面，向德育一方去。

照以上的话，求学不过开自己的智，施教不过开别人的智，是最大的坦途了。既然求智，就应该把迷信打破。迷信不是专指宗教一项。但凡不晓得那边的实际，随风逐潮，胡乱去相信那边，就叫做迷信。中国十几年前，相信欧洲的学问，没有路去求，求着教士，就觉得教士是无所不知无所不能。后来听得福建严几道的话，渐渐把迷信教士的心破了，又觉得严几道无所不知无所不能。后来有游学日本的风气，渐渐把迷信严几道的心又破了，又觉得日本的博士学士无所不知无所不能。及到日本了，晓得分科，也知道一个人不能无所不知无所不能，但看日本全体的学者，依然觉得无所不知无所不能。不是一边的迷信破了，一边的迷信又起么？欧洲所有各科的学问，日本人学了一科，到底能否登峰造极？没有欧洲的学者来对质，总不能破；就有欧洲的学者要来对质，不识得日本字，也难得破。至于中国的各种学问，日本的深浅，兄弟已经略略看得明白了。现在也不必揭他人的短处，只说诸君回去施教，若信了日本的语，就要防防学生的伏兵。且看中国历史一项，一部《纲鉴易知录》，向来中国略读书的人，是看得最浅陋的。但到这边来听的历史，一部《支那通史》，翻来覆去，缭绕了许多，比《易知录》更加浅陋。学校以外，就有几个讲历史的人，只记得一点儿事迹，许多正史的书志，早已抛在九霄云外，并不是专忘记细碎，连大端也实在不讲。万一学生看过《资治通鉴》，或者又看过几卷志，问出一句话来，先生不晓得，恐怕只好说："你在《图书集成》《册府元龟》里头翻来的僻事，我那里能够记得许多！"过了一会，学生就拏这部原书，折了一只角，放在先生案上，岂不是遇着伏兵，没有处躲闪么！中国的地理，本来有许多沿革，有一位什么博士，把湖北杨惺吾做的《沿革图》钞去，改头换面，变为自己的著作，称为《支那疆域沿革图》，已经好笑了。还有那边画的中国地图，一省里头，胪列了许多府，却是缺了一两府；一府里头胪列了许多县，却是缺了一两县。所缺的府县，并不是于形势上无关紧要，所列的府县，又不是于形势上最关紧要，不过那边画图的人，精神错乱，偶然忘了。万一学生来问，某省的某府，某府的某县，现在在什么方位？古来叫什么名字？请问怎么样答对呢！只好说．“恐怕没有这一府这一县，是你随口编造。”那个时候，学生取出中国自造的地图来对质，不是又遇了伏兵，到辙乱旗靡的地位么！中国的哲学，近的是宋明理学，远的是周末九流，近来那边人，也略略把周末九流随口讲讲。有一位什么博士，做一部《支那哲学史》，把九流的话，随意敷衍几句，只像《西游记》说的猪八戒吃人参果，没有嚼着味，就囫囵吞下去。那边的人，自己有一句掩饰的话，说我们看汉土的书籍，只求他的义，不求他的文。这句话只好骗骗小孩儿。仔细说来，读别国的书，不懂他的文，断不能懂他的义。假如有人不懂德国文字，说我深懂得康德的哲学，这句话还入耳么？说是这样说，到底掩饰不过去。那位博士，不知不觉把《史记》里头“士为知己死”一句话，引做《论语》的话了。若是相信了这位博士的话，回去施教，学生随便举一句古书，问先生在那一部书？先生就不免对错。到后来学生取出《史记》《论语》来对校，说这句话，果在《史记》上，并不在《论语》上，我想先生只好说日本的《古本论语》，还在《汉石经》《唐石经》以前。有这句话，岂不是又遇着一路伏兵，把先生的脚都陷了下去么？中国的文法，本来句句顺的；那边的文法，是颠倒的居多。所以那边几个大儒，做了几百年的汉文，文理总不很通。宋朝以后的文章，还勉强看得下去，唐朝以前的文章，就看不下去。他自己说，只求义不求文，倒也罢了，却有一个什么学士，自出心裁，做了一册《汉文典》，硬用那边的文法来强派中国的文法，有一大半不通。本来中国有一部《马氏文通》，做得颇好，近来有人说马氏的书旧了，倒是这位学士的好。唉！真是好笑。别的有新旧，文字的通不通，也有新旧么？中国沿海的人，已经迷信了，只望内地的人和日本留学生纠正几分。假如不能纠正，反用了那学士的书做文法参考书，自己的文章也必定变做不通，何况去教学生？万一学生看了先生的文章，在墙背后指天画地的笑，先生怎么能够自己解说？恐怕只好说：“现在的新文法，要不通才算通！”岂不是又遇了一路伏兵，使先生进退无门么？唉！真是苦，学生的伏兵很多，先生的军备很少。在中国做先生，不像日本做先生的容易，一边是学生程度已经整齐，一边是学生程度还没有整齐。入京师大学的，或者只有入得小学校的程度；入小学中学的，或者也有入得大学校高等学校的程度。先生的智识，要百倍于教科书，十倍于学生，方才支持得下（为什么比教科书要高百倍？比学生只要高十倍呢？因为学生的智识，颇有在教科书之上的）。不然，就[illegible]其实自己本来应该要有这种智识）！问这个苦是谁给你吃的？也怪不得日本教习，只怪自己迷信。兄弟近来有几句话，使许多人解一解迷信。什么话呢？说日本人学欧洲的学问，第一是从欧洲人那边直接受来的；第二是懂得语言文字以后，再去研究的；第三是分科学习，不混在一起的，所以破绽还少。对着中国学问就不然，一向是不从中国学者亲授，也不学中国语言文字，也不知分科去求，所以做了一千多年的大梦，至今没有醒悟。还有许多自己不懂，向横滨、长崎的商人去问（这是二十年以前的事）。还有几个江湖游客，捏造许多古事古迹来，有意诳骗他们。以前是这边骗那边人，现在那边受了这边人的骗，又转来骗这边人。假如诸君见着几个商人游客，想来总不把学问的话去请教他。现在转了一个小弯，倒不知不觉入其玄中，自己想想，好笑不好笑？得了这一声笑，迷信自然瓦解冰消了。以上单说关于中国的学问，若关于欧洲的学问，想来必有破绽，且等欧洲人来破。

各种的迷信都破了，在求学上也有益，在施教上也有益。不过学问既然为求智慧，得了前人已成的学问，不可将就歇手，将就歇手，自己仍没有自己的心得。要知道知识与道德，原是不同，道德或者有止境，知识总是没有止境。以前的人，积了几千年的知识，后人得了这个现成，又发出自己的知识来，就比前人进了一级。现在看当时的后人，又是前人，应该要比他更进一级，学问才得新新不已。兄弟这句话，不是教人舍旧谋新，只是教人温故知新。大概看前人已成的书，仿佛是借钱一样，借了来，会做买卖，赢得许多利息，本钱虽则要还债主，赢利是自己所有。若不会做买卖，把借来的钱，死屯在窖子里头，后来钱还是要还债主，自己却没有一个盈余。那么就求了一千年的学，施了一千年的教，一千年后的见解，还是和一千年前一样，终究是向别人借来的，何曾有一分自己的呢？如果说自己没有，只好向别国去求。别国的学问，或者可以向别国去求，本国的学问，也能向别国去求么？就是别国的学问，得了来，还是借来的钱，必要想法子去求赢利，才得归自己享用。若只是向别国去求呢，中国人没有进境，去问欧洲人；欧洲人没有进境，又去问什么洲的人呢？诸君现在所驻的这一国，他本来自己没有学问，所以只向别国去求，求得了以后，也不想再比那国的人更高，原是这一国的旧习使然。所以欧洲人好比写信的人，[illegible]中接信的人；这一国的博士学士，好比邮便局送信的人。到学生成就了，学生又做第二个送信的人，总是在送信的地位，没有在写信的地位。中国就不然，自己本来有自己的学问，只见一天精密一天，就是采取别国，也都能够转进一层。且看中国得欧洲的学问，以前只有算法一项，徐光启送信以后，梅定九又能够自己写信，李壬叔、华若汀先做送信的人，后来又能够做写信的人。只望将来各项学问，都到写信的地位，那个求学施教的事，才得圆满呢。

临了还要说一句话。书籍不过是学问的一项，真求学的，还要靠书籍以外的经验；学校不过是教育的一部，真施教的，还要靠学问以外的灌输。现在只论施教的事，假如诸君知识，果然极高，在近来学校里头，能够不能够施展呢？恐怕不能！因为学校不论在公在私，都受学部管辖，硬要依着学部的章程，在外又还要受提学使的监督，学部和提学使，果然自己有一件专长的学问，倒也罢了，但现在学部是什么人？看来不过是几个八股先生。各省的提学使是什么人？看来不过是几个斗方名士。章程也不能定得好，监督也不能得当，不过使有知识的教习不能施展，反便宜了无知识的教习，去误一班学生。况且现在教习，对着提学使，隐隐约约有上司下属的名分，可不是和老教官一样么？别国虽然也有这一个风气，原不能说是好制度，中国向来教官只是个虚名，实在施教的，还是书院里头的掌教。掌教一来不归礼部管辖，二来不是学政和地方官的属员，体统略高一点。所以有学问的人，还肯去做。如果照现在的制度，知识高的人，反做知识短浅的人的属员，看甘心不甘心呢？或者为了饭碗，也甘心了，但临了必有许多后悔。且看四川有位廖季平，经学是很有独得的（廖季平的经学，荒谬处非常多，独得也很不少。在兄弟可以批评他，别人恐怕没有批评他的资格），屈意去做高等学校的教习，偶然精神错乱，说了几句荒谬的话，那个提学使和他向来有恨，就把他赶走了。外边颇说提学使不是，兄弟看来，谁教这位季平先生屈意去做提学使的属员？直到赶走，悔之无及，倒是这位季平先生自取其咎。假如诸君有一科的学问，和廖季平的经学有一样的程度，愿诸君再不要蹈廖季平的覆辙罢！诸君如果说，师范学生，受了官费，不得不尽义务，就不是师范学生，要寻饭碗，又怎么样呢？兄弟替诸君想一个法子。一面不妨充当教习，一面可以设个学会。学会不受学部的管辖，也不受提学使的监督，可以把最高的知识，灌输进去。后来有高深知识的[illegible]学校去。这句话，并不是兄弟[illegible]学校，[illegible]过看中国几千年的历史，在官所教的，总是不好，民间自己所教的，却总是好。又向旁边去看欧洲各国，虽然立了学校，高深的知识，总在学校以外，渐渐灌输进去。学校也就带几分学会的性质，方得有好结果。大概学校仿佛是个陂塘，专靠陂塘，水总不免要干，必得外边有长江大河，辗转灌输，陂塘才可以永久不涸。所以说学校不过是教育的一部，求学校的进步，必定靠着学校以外的东西。假如诸君又专去迷信学校，兄弟的话，也就无可说了！

在被袁世凯幽禁期间的国学演说[①]

（一九一三年十二月十八日至二十七日）

十二月十八日记文学

古人著书，多以篇名，如载于《汉书·艺文志》者，皆云某人书若干篇，且其命意，往往不在一篇之中，必就其全书逐篇读之，始能识其用意之所在。凡周、秦诸子之书，皆然。岂惟诸子，即群经亦莫不如是也。自魏、晋以来，始有集名。集中体裁既多，命意亦殊，故读一篇，可以得一篇之意，不必如古人著书，言在此而意或在彼也。至梁太子统，又择其精者，别为一集，于是而有总集之目。总集者，所以去别集之繁冗，而便学者之诵习也。曾涤生不识此意，乃以经、史、诸子入选。夫经、子本自分篇，尚不容入选，况诸史为一代之成书乎！读《文选·序例》，不录子、史之语，不能不服昭明之卓见矣。

清儒阮元，谓文以耦俪为主，又举《易·文言传》句多用韵以证之。不知古人言文无殊，言出诸口笔之于书即为文，古时如二《典》君臣诰诫之词，中世如《国策》说士之语，皆其言之笔于书者也；且古人日用常语，本有高下抗坠之度，所谓调也。有调则有韵，不然则叶声以求通《尚书》诸篇，数见不鲜，不独《易传》为然。故古人文字非有意用韵，而曰必以耦俪为文，古人亦无是也。

十二月二十日记诸子学

古之儒者，皆身通六艺，至孔子时亦然。然观孔子所著书，及其门人所

---

① 由金毓黻记录，载《东北丛刊》第七期，一九三〇年七月出版，原题为《国学会听讲日记——余杭章太炎先生主讲》。

國學會聽講日記　起民國二年十二月十八日訖二十七日

餘杭章太炎先生主講　逵陽金毓紱筆錄

十二月十八日記 文學

古人著書多以篇名。如載於漢書藝文志者。皆云某人書若干篇。且其命意往往不在一篇之中。必就其全書逐篇讀之。始能識其用意之所在。凡周秦諸子之書皆然。豈惟諸子。卽羣經亦莫不如是也。自魏晉以來。始有集名。集中體裁既多。命意亦殊。故讀一篇可以得一篇之意。不必如古人著書。言在此而意或在彼也。至梁太子統。又擇其精者別爲一集。於是而有總集之目。總集者。所以去別集之繁。先而便學者之誦習也。曾滌生不識此意。乃以經史諸子入選。夫經子本自分篇。尙不容入選。況諸史爲一代之成書乎。讀文選序例不錄子史之語。不能不服昭明之卓見矣。

清儒阮元謂文以耦儷爲主。又舉易文言傳句多用韻以證之。不知古人言文無殊。言出諸口。筆之於書。卽爲文。古時如二典君臣誥誡之詞。中世如國策說士之語。皆其言之筆於書者也。且古人日用常語。本有高下抗墜之度。所謂調也。有調則有韻。不然則叶聲以求通。尙書諸篇數見不鮮。不獨易傳爲然。故古人文字。非有意用韻。而曰必以耦儷爲文。古人亦無是也。

记，往往论及时政之得失，风俗之隆污，视古之儒者为少侈矣。大抵孔子乃春秋时一政客，其七十子之徒，不过其政党中之党员耳。特其时以儒自命者，[illegible]之际，孟、荀诸子不必身通六艺，是已由儒者一变而为说士矣。

孟、荀诸子，尚不失为政客，至汉初郦贾，始纯为说士，然诸人固尝以儒自命者。

西汉之世，始有经师，经师非儒也。然能遵守古人成说，造语精粹，亦自一时杰士。且古人经传，多藉汉儒以存，先王典制，犹因其说以考见。以较儒家末流，驰骛政途，不知己身所学何事者，孰为有功于斯世耶！

欲明经师，与儒家之不同，可于数言得之。大抵经师之长，在造语精粹，切当不易，而笃守古人成说，拘于一偏，则其所短也。儒家之不如经师者，以其立论多驳而不纯，然其独伸己见前无古人之气概，亦经师之所不及也。

西汉经师，有古文家、今文家之分。若贾谊、若毛公、若张敞，皆古文家经师也。董仲舒、夏侯始昌、京房、翼奉之徒，皆今文家经师也。所谓《春秋》断狱，《禹贡》治河，三百五篇当谏书，皆今文家所奉之鸿宝；至近世刘逢禄、宋翔凤之徒，益畅其支，而其害人也亦滋甚，非特不如古文家之实事求是，抑亦不如今文家指汉儒。占验之精矣。

近世儒家，皆由今文家蜕变而来，如以《公羊》家之说解经者，皆是。

近人有倡立孔教会者，实厚诬孔子者也。大凡宗教家，皆重迷信，如古者阴阳家一流。孔子曰："丘之祷久矣"，又曰："获罪于天，无所祷也"，是何尝有丝毫迷信之存在？且今之宗教，多与政治殊途。试思孔子当日，尝以得君行道为归，而奉其教者，能置国事于不问乎？此孔教所以似宗教而非宗教也。以教主尊孔子，而反以侪孔子于耶稣、穆罕默德之列也，其厚诬孔子，为何如耶？且不独孔子为然也，即老、佛二氏，亦非宗教。老子崇虚无，明自然，独树一帜，与孔子对峙于南方，观其著书，极力破除迷信，孔子之破除迷信，尚不如老子之甚。何尝有一语似宗教家言？及为后世术士所依托，则为教矣。至若佛书之奥博精深，尤非老氏所及，印度之婆罗门教，既与佛氏绝然不同，而传入中国者，又不过窃其净土宗之绪余耳。净土宗，本为浅人而设，及传入中国，则士夫之不为富贵利达所囿者，多入之。

十二月二十二日记小学

古人讲音理、韵理，非字字可以音理韵理绳之也。如云“人一首二手二足无尾”，此亦就人之身数言之耳。绝远之域，荒漠之区，忽有人焉，而二首四手三足有尾，则亦不谓之人乎；故今之所谓人者，举其多数言之耳，又举其常见者言之身。世界之大，果尽能如吾所云与否，可不问也。讲音理韵理者，不可不悟此理。

韵目之次序，本无一定，古人只取其音相近者排列之，惟求大致不差，不屑一一求安。《说文》分部之次第，即取其字义之相近者。近人韵表，惟戴氏书，稍有次序。

《康熙字典》，就楷书分部，谬误极多。如“秊”字，《说文》本从禾从千，字典以楷书年不类篆书，改入干部，似此谬误，不胜枚举。《广韵》《玉篇》，虽有错谬，然不若斯之甚。

六书之次第，以象形、指事为最先，至象形、指事二者之先后，则又有难定者。大氐凡物可画其形者象其形，如日、月之类。其不能画形者，指其事，如上、下之类。形者，物之有形可象者也，同时非无可指之事；事者，事之无迹可求者也，同时亦有可象之物，二者不能以先后分也。凡象形字多属具体名词，指事多属抽象名词。毓黻按：黄以周《礼书通故》，已有此说。

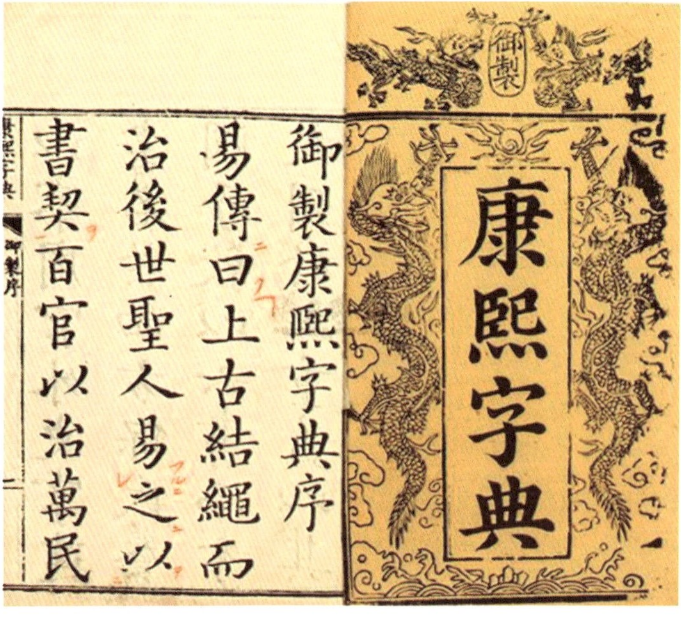

金坛段氏，谓指事、象形、形声、会意四者为字之体，转注、假借二者为字之用，有转注之法，而后能合多字为一义，有假借之法，而后能以一字出数义，其便于学者在此，而六书之妙用，亦在此。其言韪矣。然考仓颉造字之初，字数必简于后世，如段氏举“初、哉、首、基，始也”，为转注之[illegible]在专就字义立言，而置字音于不顾，故举《尔雅》为证，不知许书举“考、老”为转注之例，不仅字义相同，亦为一音之转。他如“天，颠也”，“颠，顶也”之类，莫不如是。《尔雅》所列诸字，乃义同，非音同也。贤如段氏，乃不知此，甚矣古学之不易讲，而真理之难晰也。

以西人词品，以考吾国文字，则以感叹词发生最先，形容词次之，名词又次之。古人虽未知名物，而号咷嬉笑之作，则出于自然，故文字之记识为最先。又如见物必先鉴其色，次辨其形，如红白、大小之类。然后定之以名称，故形容词次之，而名词又次之。

十二月二十三日记小学

古韵不可尽以今韵绳也。古时分韵少，而今时分韵多。如《尚书》所载，舜、禹、皋陶之歌，用字不尽如今时所分之韵。可知古时分韵至少，字可相通。如：明字，本在庚韵，而古音读如茫，则在阳韵；裘，本在尤韵，而古音读如箕，则在支韵；旂，本在支韵，而古音读如侵，则在侵韵。又可知古人之用韵，决不同于今人之叶韵也。

古时无诗，《诗》三百篇，大抵皆古人之歌谣也。古之歌谣，犹今之戏曲。今日南北殊言，东西异语，齐、鲁人之不明江、浙语，犹川、滇人之不谙交、广语也。岂惟全国，即一省之中，亦各自为风气，方言杂糅，到处皆然。至于戏曲所吐之音，则与语言有别，某字某句，齐、鲁喻之，江、浙人亦喻之，而川、滇、交、广人亦无不喻之。试一至沪、津、广州、成都各大埠戏园，听其所吐之音，无不从同，是亦一异征也。故古时虽各地方言不同，而其流播之歌谣，妇人孺子，亦可默喻。且古时中国土地狭小，各国方言，本无大异，如《国风》十五国，皆居黄河流域。以视今日国土之广，亦自有间，而民间传播之歌谣，岂反有不能共喻者乎？虽然，古时各国歌谣，其音虽同，其调则异，亦犹今日之戏曲，有皮黄、秦腔之分也。

古人于音转之字，皆造字以当之，即六书中之转注法也。盖古时各地方言不同，同一物，此处有一称，彼地又有一称。如“首”字，古音读如道，易地则以首如头，道、头双声，即一音之转也。古人以首非头，则造一头字以当之。是故此地以为老也，彼地则以为考，考、老一音之转也。此地以为颠也，彼地以为顶，颠、顶一音之转也。类此者繁，不胜举。至于后世，则与古时迥殊，如“天”字，汉人读如仙，天为一音，仙又为一音，天、仙一音之转也。如在古人，必另造一音如仙之字以当之，而汉人则否。又如“车”字，汉人读如差，车为一音，差又为一音，车、差一音之转也。如在古人，亦必另造一音如差之字以当之，而汉人则否。是以古人可造字，而今人不可造字？后世字书，如《广韵》中，未尝无添造之字，迨日久音变，则其字即不能复用。是以知古时字随音而变，如转注之字皆是。近世字不随音而变。汉时音凡数变，而古音至今二千，卒未能变（有可变之迹，而无可变之理）。此古音所以可寻，而后人所造之字，为无味也。近人所造之字，如，口作声也，冇读如莫、无有也之类，皆极荒谬。

试再举例以明之。如《说文》：“元，从一，兀声。”元、兀双声。首，古音如道，道转为头，道、头双声。丘、虚同义，虚，古音如区，丘、区双声。亡、亡同义，下亡字读如无，亡、无双声；又，亡，阳声，在阳韵，亡无，阴声，在鱼韵，阳、鱼对转。至、臻同义，亦双声字。又，至，阴声，在至韵，臻，阳声，在真韵，真、至对转。宽、阔亦双声；又，宽，阳声，在寒韵，阔，阴声，在泰韵，寒、泰对转。凡双声本皆一义，必异其字形者，即因字音之不同耳，设不另造异形之字，势必以一字而读两音，不惟有扞格难通之患，而声音亦为之混淆矣。凡字有义同而声音相近者，为转注，凡双声字及对转字，皆属之。戴东原氏举《说文》“考、老也”“老、考也”，两字互训，为“考、老”之例，遗字音于不问。不知《周官》“保氏教国子以六书”，其时本无类似《说文》之书，亦未尝有两字互训之义，不过知两字为义同耳。许书之释转注曰“建类一首”，此所谓“类者”，声类而非语类；“首者”，语根也。故转注字宜就语言上求之，非可专就文字求之也。戴氏不就语言考究，而专就文字考究，故误。

古者字以声变，而字中之关系不变，其可变者字形，其不变者开口、阖口、收声、收唇。如《尔雅·释诂》，我对转为言，而不对转为严，是也。

凡字有引申之义者为假借，如“喜好”之好，引申为“美好”之好；“号令”之令，引申为“县令”之令，“令善”之令，皆是。

十二月二十四日记小学

古韵，不如近时分韵之多。如：支、佳古为一韵，今则分之；脂、哈古为一韵，今则分之。又如：之、微、齐、皆、灰、至、泰、怪、队、废，古皆为一韵，今亦分之。

古韵去声与平声不为一韵。如：歌与泰，队与脂，皆以平去分韵是也。

侯与尤二韵，今人多不能分，其实侯韵开口一等也，如钩、讴之类；尤韵开口二等即齐齿也。如鸠、忧之类。凡开口一等字，皆在侯韵，如头、投、兜等字皆是。今广东人多不能辨侯、尤二韵，如鸠字读若钩，忧字读若讴。

古韵可分为二十三部，合数韵为一类，可得九类，而每类之中，又析为阴声、阳声二种。大氐先有阴声，而后有阳声。如：阳、鱼二韵为正对转，阖口为鱼，开口则为阳。鱼、阳本为一音，不过以口有开阖，其音遂转，然必先有鱼音，而后有阳音，是先有阴声，后有阳声之证也。

古韵分类，始于戴东原，惟于收喉、收舌、收唇三者之外，别标收鼻一类。夫音由鼻出，非由鼻收，收鼻二字，已为不文。而收舌、收唇之字，其气为唇舌所抵，乃不得不由鼻出，乃所谓收鼻之说，果何所据而云然耶？夫古时音韵，只分收声、收喉，阴声皆收喉，而阳声皆收声，收声又析为收舌、收唇二类，从未闻有收鼻之说。至其弟子段氏，又以之韵别为一类，之与宵、幽本为一类，而必别为一类者，盖以别异于戴氏也，其谬误与其师等矣。

古韵又大别为六类，阳声、阴声各三。

阳声：
- 侈声。东、冬、侵、缉、蒸、谈、盍，皆收唇。（唇在外故为侈声。）
- 中声。阳，收喉。
- 弇声。青、真、谆、寒，皆收舌。（舌在内故为弇声。）

阴声：
- 侈声。侯、幽、之、宵，皆收喉。
- 中声。鱼，收喉。
- 弇声。支、至、脂、队、泰、歌，皆收喉。

阴声惟鱼可闭口大声，余皆不能，故为与阳韵同为中声。阳韵字收音后必有余音，不然则与麻韵混。又前人以歌、鱼二韵，俱为阖口，实则鱼为阖口，歌为开口。此皆诸韵相异之点，不可不知。

阳、鱼二韵，古本相通，闭口为鱼，开口则为阳，前既言之。考之古书，鱼、阳二韵，关系最多。例如“去往”，往，古音若匡，去、匡双声，古本为一字。《说文》去为笶，笶，筐之属，笶、筐古为一物，二字则一音之转也。又，吾与卬，余与阳，壑与隍或潢。皆双声，闭口为去、吾、余、壑，皆鱼韵。开口则为匡、卬、阳、隍。皆阳韵。又，女与娘，作与做，皆一音之转，《说文》无娘字。

歌、寒二韵对转亦多。例如若干，二字即对转，若古音若柯，柯，歌韵，干寒韵，闭口为柯，开口则为干。又如媻、婆，为、古音若讹。蝯，勉、古音若蛮。摩，皆对转，媻、蝯、勉皆寒韵，婆、为、摩皆歌韵。

附　　韵目表

寒	歌、泰
谆	队、脂
直	至
青	支
阳	鱼
东	侯
冬、侵、缉	幽
蒸	之
谈、盍	宵

上表九类，二十三部。上列者为阳声，下列者为阴声。竖看为对转，横看为旁转。其数部同居者，同一对转。

古时入声字甚少，有则以入阴声，如《诗·关雎》篇“参差荇菜，左右芼之，窈窕淑女，钟鼓乐之”。芼、去声，乐、入声，乐读如洛，则以入声为去声矣，故其音与芼叶。又：《公羊传》：“伐者为主，伐者为客。”前伐字为被伐者，读为短音，后伐字为伐者，读为长音，一为去声，一为入声。二伐字本为入声，此亦以入声为去声矣。故古时入声有时读为去声，去声亦有时读为入声，不能谓古有去声，而无入声也，亦不能谓古时有入声，而无去声也。

又如艳，《说文》从丰，盍声，盍入声。艳去声，此则以入声作去声矣。盍从大䀇省声。

古韵之分阴阳，自孔氏广森始，斯于韵学功为最高，至其分配韵目，必取一阴一阳相隅，不为无失。其音韵本出于天然，不可以人力为，孔氏必欲一一分配，则近于造矣。

十二月二十五日记文学

传者，专之假借，《说文》训专为六寸簿，簿即手版，古谓之忽，忽，竹简，用以记事，备忽忘也。今作笏。书思对命，以备忽忘，引申为书籍记事之称。以上录《国故论衡》原文。若如后儒训传为辗转相转之义，则《史记》列传，并非传述之书。

古者官书尺寸皆有定数，如法典则长二尺四寸，举其总数，以赅其成，故后世有三尺法之语。

今言肄业，古谓肄版。《尔疋·释器》："大版谓之业。"《诗》："虡业惟枞"，虡业，钟架也。古者印书之术未明，书不易得，学者传写于版以读之，故谓之肄版。

疋，古书字，记也。后世别作书字，疋乃作雅。

昔人谓有句读者谓之文，无句读者不得谓之文，不知表、谱、图、簿、年、月、山、水皆有标识，曷尝有句读可分，然谓之非文章则可，谓之非文则不可也。大氐无句读文，古时少而今世多，经典诸子皆有章句可分，且极精密，近世不然，图谱之属，日以繁滋，为用亦甚大，不能不以文称之者，势也。

近代点窜时文，有点、句、画段之法，学者奉为秘诀，至有以施之古文者。夫古人文字，首尾衔接，数句一义，多有未易点断之处。如《尚书》"克明俊德"一节，其不能点断，固矣。《左传》"鸟兽之肉不登于俎，皮革齿牙骨角毛羽不登于器"二句，亦不能点断。盖次句"皮革"以下八字，承"鸟兽之"三字而来，肉固鸟兽之肉，而皮亦鸟兽之皮，革亦鸟兽之革也。古人文字，于可点断之中，皆含有不可点断之句。如《春秋》“元年春王正月”，若以后世文法分之，必以“元年”为一句，“春”为一句，“王正月”为一句，实则六字一义蝉联，不可分也。又为《易》“乾元亨利贞”，后人必以“乾”为一句，“元亨利贞”为一句，又有分“元、亨、利、贞”为四句者。实则五字亦一义蝉联不可分也。凡此数例，今人为之必酌加数动字，使其文可点断矣。故以古人之文绳今文固拘，以今人之文绳古文亦谬。

文字与言语有殊：凡言语皆有线索可寻，一事一理皆能联贯；及夫万类坌集，众事杂陈，既无线索之可寻，亦非事理之能贯，言语之用，于是乎穷。文字之语言，盖有排比铺张之功矣。孔子曰：“文胜质则史。”“质”者言语，“文”者文字，言语之不能尽者，以文字载之于书，故曰“文胜质则史”。《周官》之名官，《春秋》之记事，以及《史记》之表书，近人之图录，凡以文字记之者，皆言语所不能司，此其所以为胜也。汉文如《两都赋》《三都赋》，皆排比铺张之文，昭明尝取之以入《文选》，其有线索可寻之文，反多不录，足征特识。迨及近世，则此意晦矣。

文字又与文章有殊。文字之有足述者谓之文，有音节可诵者谓之章，必二者兼备，始得谓之文章。

文字体例，于官名地名皆不可改用古称，以历代皆有定制，不可紊也。如山名水名，可仍古称，如湖北大别山，旧称龟山，今亦可称龟山，以历代从未定制更名也。古官名地名，明人文中喜用之，如山东称鲁，《尚书》称太宰之类。清时奏折，亦往往有之。

不独官名地名，不可率用古称也。如“鞠躬”今日可用，“顿首”则不可用，是也。近人诗中，尝用“抽簪挂冠”，亦惟古时有之。《诗》“子孙绳绳兮”，又言“周余遗民，靡有孑遗”，皆非其实，一言其多，一言其甚耳。凡此诸类，用之于诗则可，用之于文则不可。

古人修辞，以立其诚，今人修辞，但求其美。不知文愈求美，则愈失真。自六朝以迄唐初之文人，不求意美，但求辞工，然今人谈文，辄屏弃六朝者，以其修辞不诚也。是故文愈美则愈丑。因质以为文，平淡以纪事，则无丑矣。颜师古注《汉书》，颇知讲求声音，故其文能雅饬，及其注《诗》则一味求美，而不足观。

集部之兴，始于东汉之末。唐代收书，乃于经、史、子之外，别立集名。

夫集部本不能独立，以其不经不史不子，而姑立集名以网之耳。集部中，如箴、铭、诔、赞，固难以子、史相绳，然论辩之文，有时似经，有时类子，传、状、碑志，则纯为史矣。又如汪容甫《述学》一书类子，其中又多论经之语，盖其名称难于论定也如此。大抵后人以书之为三代以上人所著，则谓之经；为周、秦人所著，则谓之子；至若两汉以后著录之书，其文成条贯者，则谓之史；其篇章零杂者，则谓之集。经部之中，不乏类史之书，如《尚书》《春秋》则类史。子部之文，岂无名经之作，如《老子》《庄子》《离骚》，皆名经之类。此中封域，原不可截然分也。章实斋谓：宋人笔记及近人考订诸书，可入集部，其说甚是。

近人书由本人撰者为子，由后人编辑者为集，其说亦不尽然。如《管子》及《晏子春秋》，皆为后人所纂，何以不名为集？盖子、集之名，亦无一定标准。

凡论文之书，范围必广，无论集部之文宜论之，即经、史、诸子，亦无不宜论，如《文心雕龙》是也。凡选文之书，范围必狭，选文之书，古谓之总集。总集者，虑文章之溃散，故粹其精者，归于一编，经典成文之不虞溃散者，则不入选。如《文选》即遵此例而作也。如《周官》中《考工记》，选文者可以不选，而论文章体例则不能遗之。

古人文字，有一定之式，有无定之式。有一定之式者不变，如《周官》为后世官制之祖，《汉律》为后世法律之祖，《九章》为后世算数之祖，虽今日官制、法律、算数若何繁衍，然皆自此数书推衍以出，其文其式，未尝变也。有无定之式者常变，如单篇文字，汉异于周、秦，唐以后又异于两汉，其变动之迹，常若可寻。惟宋苏氏兄弟对策之文，起首及结束，皆有定式，又单篇文字之例外者也。桐城论文，乃欲于无定式者，规规然使其有定式，不免为多事矣。

十二月二十六日记史学

地理家言，可大别为两部。一天然地理，如详述天文、星变、山形、水道之书，古有《图经》，后世有《水经》汉桑钦撰。以及游记之类，皆属之。一政治地理，详于山川之变迁，人口之增减，以及风俗之良窳，物产之丰绌，无不述之，如唐之《元和郡县志》，宋之《元丰九域志》是也。天然地理，亘古不变，故《图经》《水经》诸书，可入子部。政治地理，随历史而变焉者也，故讲史学者，不能遗政治地理于不问，而《元和郡县志》诸书，宜入史部。游记之属，可入小说部。

隶于史部之地理，于天然地理，可以从略，而于郡县之沿革，则宜加详，如《汉书·地理志》《隋书·地理志》，莫不皆然。后世修地志者，殊于此旨，关于达官贵人之事则详，关于疆域县志之沿革则略，舍其所当言，而言其所不当言，轻重倒置，殊为可笑。试举其例，如历代地理志，皆言中国东西万余里，南北九千余里，不知历代疆域，皆有广狭之殊，汉、唐疆域最广，宋代最狭，元代之盛，旁及东欧，明初兵力，及于缅甸，是各代疆域，俱有不同，不能以同一之数计之。且中国一千三百余万方里，宋代不能尽有，合藩属计之三千余万方里，元代又远过之，面积之差，奚啻一倍！顾可皆曰，东西万里，南北九千里耶？近人谓古人不明测量，故有此误。然古有准望之法，以测日躔，是古人未尝不明测量也。特古人足迹所至，仅本部数省，荒远之区，罕有能至之者，又无精密之地图可为依据，仅据官书所记之道里计之，曷怪其乖错而多误。清康熙帝，喜言测量，绘有精图，深藏内府，外人不可得见。《汉书》《隋书》之地志所以语焉能详者，大氐得见当日内府图本耳。《大明一统志》谬误甚多，《大清一统志》则无“东西万里，南北九千里”之语，似较前人为愈。然魏源《圣武记》则误以西藏为佛国，殆不知西藏之西，又有印度也。

中国地名与外国不同，外国地名不甚更变，中国地名代有变迁，所辖之区域，亦不从同，讲沿革者，因之多误。如汉会稽郡，今人指为浙江绍兴府，抑知汉时郡之滨江者，区域甚大，会稽一郡，几包今浙江、福建两省。是故沿革虽不能不考，而欲精确无误，则不能得。至于山川之沿革，亦甚难考，山多别名，水道时徙。《汉志》所言，《禹贡》之九河，决非旧迹。《虞书》言“舜窜三苗于三危”。三危在今之新疆或青海，不能确指。清高宗乃谓三危，即今西藏之卫地，卫即危之转音，亦可谓强作解人，而师心自用者矣。

以碑版考证古代地理者亦多误。唐人都长安，而不能确指咸阳为何地，此亦一证也。又西安有文王墓，遂目其地为丰镐旧址。夫墓为文王，仅据传闻，即发冢而验之，其冢中人之为是为非，亦有难于论定者。此又一证也。

作国土一统之地志易，作国土分裂之地志难。西晋之际，本部诸州，皆仍《禹贡》旧称，迨至南北分裂，晋时疆理，多不能识。《禹贡》九州，在南则称南，在北则称北，北部之州，为南部所无者，必割裂其属土以当之，北部之于南部也亦然。有宋之世，紊乱尤甚，州军并立，名称纷歧。同一州也，有时或以为军；同一军也，有时裂为数州，故后人修六朝及宋世之史，于郡县沿革，多不能详。以较《汉书·地理志》《隋书·地理志》之条例秩然，渺不可得。非班孟坚、颜师古之史才绝出后人，以汉时为一统之国，较易为整理故耳。使班、颜二氏，生于六朝、宋、元之世，文献无征，传闻多误，其能条理秩然，而精确无误乎？唐时制度整理，故《元和郡县志》误少。宋时州制紊乱，故《元丰九域志》误多。

十二月二十七日记玄学

道家之名，出于《史记》，黄、老并言，始于汉人。当有周末造，诸子争鸣，老聃以自然学说，倡于南方，未尝以道家自鸣也。汉初曹参、汲黯之流，始以黄、老之学施于政治。夫黄帝无书，有则为后人伪托，如所言“摄气”“养生”之术，多为老氏所不言，不过以张子房遇黄石公之寓言，后人信为事实，故以老子与黄帝并言耳。实则黄、老非仙，而为说亦各不同，方士欲以神其说，依托之以耸人之听闻而已。

老聃之言曰：“古之善为道者，非以明民，将以愚之。”斯言乃可谓洞见专制之真相矣。何以知之？老聃尝言“知此两者亦稽式”。稽者，稽察也；式者，试验也。稽查两方之情形，而灼知其故，则专制之威不得逞，愚民之术不得施。老氏之言，所以揭示专制之真相，其所稽者至精，而所试者亦至巧矣。后儒谓老聃以愚民政策导人君，非真知老子者矣。

假宗教言以愚民，老聃所不赞成者也。前识者，道之华，而愚之始。前识者，即宗教之预言也。古人之经验多，而积理富者，曷尝无事前之识？然冥心壹意，以求前识，则积之日久，未有不堕魔障者。此宗教言，所以为识者不取也。世之误解老子者，以“强梁不得其死吾将以为教父”之言，为崇奉宗教之证。然其书又曰：“以道为天下，其鬼不神。”又作何解？道者，政治修明之谓，政治修明，而鬼为之不神，则非崇奉宗教之意矣。窥老聃之意，以其人而果强梁也。守其教旨，死生不渝，曷尝不以教主奉之？然天下强梁者少，不强梁者多，苟修明政治，厉禁其说，有不戢戢于捶拊之下者乎！其有敢倡妖言以惑众者，则刑戮随之，如是而邪说不息，正理不伸者，未之有也。故以二语为老聃不喜宗教之证。

唐时行征兵制，奉释、道二氏者免役，故当日迷信宗教者极多。至明、清之世，行差役之法，征税以代兵役，人无所苦，故迷信宗教者颇少。盖政治之良窳，关系于宗教之消长，有如是者。

《老子·天物篇》，言“万物生于有，有生于无”，宜改为“万物生于有物，有物生于无物”。盖有无者，以对待而得名，未知有，何能知无？有者有物之谓，离物以言有，则不得谓之有。无者无物之谓，离物以言无，亦不得谓之无。故吾谓有无以物得名，无物则有即无，无即有也；离有物以言无物，则其为有物也，无物也，亦不得而辨也，盖其中实有因果之关系焉。夫万物生于有物，则万物为果，有物为因，有物生于无物，则有物为果，无物为因，故有物为万物之因，而无物又为万物因中之因也。如此因果递推，迭出不穷，必至有果可求，而无因可推矣。故万物生于有物，即吾国之形而下学，亦即西人之唯物论也。有物生于无物，即吾国之形而上学，亦即西人之唯心论也。言唯物论者，言宇宙一切皆由物质所成，无物质则无宇宙。然有物质，莫不有空间有时间，言空间时间，则轶于唯物论之外矣。若谓宇宙皆物质所成，则可舍空间时间而不言，夫舍时间空间以言物质，则物质将何所附丽乎？此唯物论所以不能离唯心论而独立也。唯物论有因果可寻，唯心论无因果可寻，如言三加二等于五，此有因果可寻者也，至问以何以等于五之理，则瞠目结舌不能对矣。故万物生于有物，有理可寻，生于无物，无理可言。有物生于无物，当可推之以理，至有物何以生于无物，则不可推之以理。关于此类，老聃从未下一断语，然亦可见其书之广大精微，而无理不包矣。

老聃读书甚多，而教人则曰“绝学无忧”，非如王阳明之讲心学，释氏之谈寂灭，可置书册于不问也。盖有周以前，流播之书甚多，如《尚书》所载，《春秋》所纪，《春秋》为周时史书之通名。文献无征，语或失实，故孟子曰：“尽信书，则不如无书。”非詟言也，亦当日之情势异耳。读征实之纪则怿，读荒诞之书则忧，亦非书中之言能使人忧也，过信其言，反以自陷，未有不贻终身之忧者。老聃之言，亦警示学者慎于读书之意也。阳明读书本甚多，而教学子则曰“不以读书为贵”，倘所谓恪守老聃之言，而不得其本意者与！

儒家不喜言生死之理，如孔子曰：“未知生，焉知死？”皆六合之外存而不论之义。道家亦然，庄子祖述老子者也，其言曰：“死于此不生于彼乎。”此虽言此死彼生，而于此死彼生之理，则未尝言及，亦与儒家类也。

老、庄二氏之说，大同小异。老子曰：“物之苦，苦于有身”，如饮食起居，皆以苦其身者也，此则以有身为累矣。至于庄子，主物以各适其性为乐，如言鹏鸟抟扶摇而上者九万里，然不能不有待于风，鲲鱼水击三千里，然不能不有待于水，惟其不知自适其性，故蜩与学鸒笑之，则庄子固未尝以身为累矣。

老聃为东周史官，故其书详于人事者多，详于鬼神者少。

毓灏按："民国二年，余就学燕都，值章先生设国学会于前门内某巷，余入会听讲凡八日，而先生遽以幽囚见告，会亦中辍。先生自撰讲义，称引甚繁，而于讲义之外，发挥之精言眇义，余皆条记于简，为之至专且勤。此稿藏于箧中者多年，今值丛刊问世，检以付之手民。余亲炙先生日浅，所记恐不免得貌遗神之诮，覆校数过，不敢自信，然先生之弟子，如季刚、逖先、中季诸公，皆余所师事，自谓于先生之门因缘甚深，故忘其无似而终布之，傥使先生见之，虽以刻鹄类鹜见诃，所不计也。"

民国十九年四月二十日识。

在江苏省教育会上之演说[①]

（一九一六年八月五日）

我国学者大病在专务考证，前清之际，更流琐碎，逮西学东渐，制造繁兴，于是易其法古人者，转法外人。此其弊由于读书太多，不知运用，个人思想为之阻遏之故。是以袭取他人虽有余，自发条理则不足，江苏、皖南以及吾浙，尤其甚焉者也。数千年来，此种心理已成惯习，故不特考古为然，即对于新学亦陷此弊，是皆由无自己意思故也。夫学问非可得自书籍，亦不能全赖实验，以余观之，自己无须待人教育，人亦不能教育自己，理具于吾心，不自外袭。教孩提以一椅之一，即可推知一桌一盃之一，教孩提以今日之今，即可推知今年、今生之今，教之者一引其绪，而已触类旁通，在孩提自有此能。不然，事事物物，必待人教而后知，则教一椅只识此一，教今日只识此今，其他固无由而知，而教育之术行且穷矣。惟其本具于吾心，故一引其绪，即可连类而及，此所谓不必待人教育之说也。若云教育者果能以自己之知授予于人，则孔门弟子，宜尽如孔子矣。今何以见其不然耶？可见具若干之能力者，即如其限而止，虽圣人亦不能有所增加，此他人不能教育自己之说也。清代学者，积习已深，若聆此言，必掉首而去，是由专信书籍，为他人用，不知自运机杼之故。江苏号称中国文物最盛之地，然其受病亦较他处为深，学者多法古人，法外人，无独立之精神，乏统系之学问。推其原，非由读书太多，为所束缚，不克自振拔故耶！今言道德，当自吾心发出者为真。吾之良心，既认为是或为非，则社会上所认为是或为非者，可不顾虑。须知欺世盗名，固不道德，而专效法他人，亦非道德。阳明所谓见贤思齐，

① 载江苏省教育会《临时刊布》第十三号，一九一六年九月二十日。

即为伪道德者是也。以言智慧，亦为发自自己之心，取他人之知以为知，效他人之能以为能，必非真智慧。盖理具吾心，心外无理，岂必见贤而后思齐，法人而后为知哉！苏、浙之人，病根已深，为教师者，应明此理。不然，专在书籍上用工，终不免为伪道德伪智慧。诸君为江苏人，故特在江苏省教育会有此言也。

研究中国文学的途径[①]

（一九二〇年十月二十五日在长沙第一师范学校演说）

兄弟这次初到湖南，湖南的文化，一向是很高的。近来有人提倡新文化，究竟新文化和旧文化应该怎样才得调和，今天预备关于这层来讲讲明白。

湖南本来是一个讲理学的地方，自清初以至道光，理学都很盛。后来出了魏默深等讲汉学，洪杨以后，汉学渐次发达。可见湖南从前文化上是调和的。

近来有人对于古学，嫌其烦琐。兄弟对于这层，也曾很研究。近来学问，不能求深，要想像前人的专精一种，实在是不可能的事。兄弟最初专攻汉学，不求科举和别的职业，偶然也做过教师，当时对于学问，总求精奥，后来觉得精奥也无甚用，就讲大体，对于前人所未发者，虽然也曾加以发明，但琐碎的是总不讲了。人各有志，愿意专攻那一门，本来很好。至于现在的学校中，科目很多，要讲各科调和，当然就不能专精一门。不过学问的大体，却不可不知，不知大体，虽学也等于不学。近来各科教科书，都不适当，编书的人，对于学问自己也无头绪，不能提纲挈领，专举些琐碎的事，这种教科书，学了有什么用处？有人说“中国旧学无用”，像这种教科书中所讲的学，当然无用。所以做教师的宜在教科书外指导学生；学生也要自己多方参考，务必要求得学问的大体。

那么大体怎样去求呢？学问的大体，从前却不易求，现在却比较容易。明以前考证很疏，到清代渐渐精密，自然说来也很琐碎，但到了后来，大体

① 由夏丏尊记录，载《宗圣学报》第三卷二册第二十五号，一九二二年五月出版，此文即《太炎学说》上卷《说新文化与旧文化》，但更详尽。

却显现出来了，这大体不会错误，我们也容易求得。学校教育不过指示求学的途径，学者第一要懂得大体，琐碎的事学校也不能教，就使学了也没有用。我国古学，举其大者，不过是经、史、小学、诸子几种。现在就这几种来说个研究的途径：

经学家的著作，差不多有四五千卷之多，着手很不容易，但现在却比从前便利了。清代治经，分古文、今文两派，不如从前的难得系统。古文是历史，今文是议论。古文家治经，于当时典章制度很明白的确；今文家治理，往往不合古时的典章制度。《周礼》《春秋》《左传》都是古文学，《诗》和《书》则有古文有今文。但是今文家所说往往与古文情形不对，古文家将经当历史看，能够以治史的法子来治经，就没有纷乱的弊病，经就可治了。这是治经的途径。

再讲读史，学校里读，往往多做空议论，实在不得法。古人像吕祖谦、苏氏等也欢喜多做史论，但是不过是为干禄计底，所论于当时的利害，并不切当，这是毫无意义的事。我们读史，应知大体。全史三千多卷，现在要人全读，是不可能的事。《资治通鉴》和《通典》《通考》，却合起来不过六七百卷，可以读完的，不可不读。这个里面也有许多可以不读的，如五行、天文等类，用处很少；至于兵制、官制、食货、地理等重要门类，应该熟览详考；其余烦琐的事，不考究本不要紧，只讲大体也不纷繁，这是读史的途径。

小学似非有师指导不能入门的。学问其实关于小学著作中真可观的书也没有几种。清代讲小学的人总算最多。现在的讲法，却有弊病。声音、训诂、形体，都是小学的部分，近人不重声音训诂，专讲形体，形体是讲不了的。近来应用的字已达三千以上的数目，专从形体上去求，实太琐碎，应该从音训上去学。文字原是言语的符号，未有文字以前，却已有了言语，这是一定的道理，不会错的。凡声相近的，义也相近，譬如“天，颠也”，人身最高部是颠，天也是最高部，所以音义也相近。这样去讲求，就能得着系统，得了系统，就可以御烦。对于很复杂的文字，不求了解他的根原，专从形体上去讲求，既觉得纷繁而且无实用。这是小学的途径。

诸子在昔是九流，现在却不止九流了。这当中也有相通之理，原来我国的诸子学，就是现在西洋的所谓哲学。中国哲学有特别的根本。外国哲学是从物质发生的，譬如古代希腊、印度的哲学，都以地、火、水、风为万物的原始，外国哲学，注重物质，所以很精的。中国哲学是从人事发生的。中国最古的哲学，就是《易经》，《易经》中所讲的都是人事，八卦无非是他的表象罢了。后面出来的，如老子、孔子也着重在人事，于物质是很疏的。人事原是幻变不定的，中国哲学从人事出发，所以有应变的长处，但是短处却在不甚确实。这是中外不同的地方。于造就人才上，中胜于西。西洋哲学，虽然从物质发生，但是到得程度高了，也就没有物质可以实验，也就是没有实用，不过是理想高超罢了。中国哲学，由人事发生，人事是心造的，所以可从心实验，心是人人皆有的，但是心不能用理想去求，非自己实验不可。中国哲学，就使到了高度，仍可用理学家验心的方法来实验，不像西洋哲学始可实验，终不可实验，这是中胜于西的地方。印度哲学，也如是。我从前倾倒佛法，鄙薄孔子、老、庄，后来觉得这个见解错误。佛、孔、老、庄所讲的，虽都是心，但是孔子、老、庄所讲的，究竟不如佛的不切人事。孔子、老、庄自己相较，也有这样情形。老、庄虽高妙，究竟不如孔子的有法度可寻，有一定的做法。那么孔子可以佩服，宋儒不可佩服了吗？这却不然。宋儒也有考据学，不过因时代不同罢了。程、朱、陆、王互相争轧，其实各有各的用处。阳明学说，言而即行，适于用兵；朱子一派，自然浅薄，但是当当地方官做做绅士，却很有用；程明道、陈白沙于两派都不同，气象好像老、庄，于为君很适当。这三派易地俱败：以阳明学说去行政治，就成了专制；以朱子学说去用兵，就有犹豫不决的弊病；以明道、白沙两学说去做地方官和绅士，就觉得大而无当。据《汉书》上说，九流都是出于官的，那一官应该用那一流，原是各有用处，后来这种学问由官而民，各人都以自己的所志，发为学说。阳明自幼就喜欢谈兵，性情应机立断，就成了这样的学说；明道、白沙气象阔大，好像一个元首，他的学说也就有这样态度；朱子是好像欢喜做地方官绅士的，一切都很谨慎，他的学说也有谨慎的样子。我们自己欢喜做那样的人，就去学那一派，不必随着前人争论的。这是诸子学的途径。

中国学问中最要紧的就是这几种。此外虽然还有许多门类，但不是切要的。能照上面所讲的做去，就可晓得中国的学问并非无用的。近来有人说中国学问无用，却不足怪，因为他们并不曾有系统的研究，于中国学问，当然茫无头绪。倘然茫无头绪去做，就是多读书也本来没用的。

今天所讲，真是应急法，若在百年前五十年以前，却不应该这样讲，但是现在却不得不这样讲，因为已经很急了。诸君中想不乏明白这些道理的人，请印证吾言。

论求学[①]

（一九二〇年十月三十日在长沙第一师范学校演说）

兄弟到湖南以后，已经在教育界讲演过两次，今天又来讲演，很有一种感触，就是当这国步艰难的时候，我们天天埋头读书，将来怎样了局？陆象山有句话："专志精微反陆沉。"这句话也有道理，宋明以来的学者，很有这种感想的人，就是觉得学和事不相关，近来的人，竟因了这个原故，弃学从事，譬如去年北京大学的打章宗祥、曹汝霖等的举动，和各省学生的响应，就是这种现象，虽然也有可以取的地方，但是他的流弊，学生就因了外务不读书了。原来学和事并不抵触，就是办事的人，有空闲的时候，还是应该求学。曾国藩在军中，不废读书，王阳明也曾在军中讲学，可见办事和学问，原不相妨的。学问有门径，得其大体，就无碍于办事，倘然琐碎的去求，就是白首穷经，也无补于事的。

关于学问大体的求法，前次曾经对着此校学生讲过一次，今日在座，是许多学校的学生，前次都不曾听讲，不妨重言以申明之。

人才之中，也有所谓天才，不从学问来的，关于这种人，我们姑且不论。至于普通的人才，大概都从学问中来的。学校已经办了二十多年了，除出从陆军学校出身的几个所谓伟人英雄，几乎没有人才，这是什么原因呢？据我看来，现在的学校，也和从前科举一样，不能养成特别人才。古来也有许多人才，从科举出来的，但是科举究竟是产生不出人才的制度，他们所以成人才的原因，本来不在科举，他们的学问，也不只单是科举的学问，科举不过

---

① 由夏丏尊记录，载《大公报》（长沙）一九二〇年十一月一日、四日，即《太炎学说》上卷的《论求学》。

論求學

是他们的进身之路罢了。我们应该将现在的学校，也当做科举看，学校以外，必须从各方面再去自修，方才可有进步，方才可成人才。科举时代的人，大概都晓得自己的学问不足，现在学校里的学生，差不多都有自满的态度，这就是科举还出几个人才，学校不出人才的原因。

就我所知，现在学校课外空闲的时间很多，一年之中，星期、暑假、年假，合起来至少一百日，尽可自己研究学问。不过中国的书籍，浩如烟海，不晓得门径的人，就要望洋兴叹，不知从哪里下手，有了门径，就有方法了。

明以前，读书很难，清代以后，读书就比较容易，因为清代人，已经把学问的条理头绪都弄清楚了。譬如治经本是一件难事，明代以前，要通经是很不容易的，但是在现在，却就容易。从前的人，不通训诂，他们看了周诰、殷谟，好像读外国文一样。近来训诂大明，就是诘屈聱牙的周诰、殷谟，也就可读了。从前的人，不明白古代的典章制度，对于古书上所说的事情，一向莫名其妙。清代以来，把古来的典章制度，已考证得很明白，读古书的时候，就可了解所以然的道理，不会得百思不得其故了。举很平常的例来说，譬如《论语》“颜渊死，颜路请子之车以为之，子曰：以吾从大夫之后，不可徒行也”一段。颜渊是孔子的得意门生，他死了孔子连牺牲一部车子也不肯，这是很奇怪的事，但是能够晓得非如此不可的道理了。训诂和典章制度明白以后，读经也很不难，何况史书呢？史书除出《史记》《汉书》，都用不着训诂，并且史的本身上，就附着记载当时典章制度的志，不必再像治经的要去另外考证，本来是很容易读的，关键这种不明了的地方，清朝的史学家，如钱大昕、王鸣盛都有所发明。清朝人于考证上，很有许多的事业，甚至不必留心的小事，也都加以考证。譬如历代的表，史书上本来不完备的，清朝人却替他一一编制，看了一览可知，因此读书更容易了。

中国的学问，现在并不难求，上面曾经说过学校里面的闲空日子，每年有一百天，从小学至大学，以求学二十年计算，就可得二千日，差不多就是六年。《汉书·东方朔传》，说说东方朔十六岁的时候，读书二十二万言，在我们现在要读二十二万言的书，只要几年就够。自然现在我们所读的书，不像东方朔那时候的简单，但是以六年的工夫，来做学问，有什么难处？晓得读书容易，能在课外自己读书，人才就有希望。从前科举时代的人，在科举以外所做的工夫，恐怕还没有六年，他们得了科举以后，用功的人就能渐渐地增加他的工夫，现在到大学毕业，大概还不过二十岁，□□[①]自由的时候正多，只要肯读书，是没有不可读的。

但是，不晓得门径，读书不但无益，还有害处。这个毛病有两种，一种是泛滥，一种是过求精密。从前的学者中，也有以博闻强记不能，泛滥群书力求博学的虚名的，但是他们的所学，究没有用。譬如此地的叶德辉，学问是很有的，但是很乱杂。

还有一种学者，力求胜过古人，要想发明古人所未发，这样读书，也难有成。学问的古粗于今，是当然的事，后人若过求精密，必定要犯琐碎的毛病，一琐碎就没有用。

今天所讲的：一是学与事不相抵触，二是学容易求，三是求学不要有泛滥和过于求精密的毛病，请诸位注意参酌看。

① “□□”，原汗漫不清。

论今日切要之学[①]

（一九三二年三月二十四日在燕京大学讲演）

从前顾亭林先生说过“行己有耻，博学于文”两句话，但是“博学于文”不如行之实际，而“行己有耻”纯“个人的行”，所以这里暂不讨论。

今日切要之学只有两条道路：（一）求是，（二）致用。求是之学不见得完全可以致用，致用之学也不必完全能够求是。合致用与求是二者冶于一炉，才是今日切要之学。讵今日之学风适反乎此，日惟以考古史古文字学、表章墨辩之说是尚，反弃目前切要之学而不顾。此风若长，其害殊甚，速矫正，以免贻误于将来。兹先分论其不切要之点如下：

一、考远古。此虽求是之学，然不能致用。试观今日一般学者忽于近代之史，而反考证三代以上古史如《山海经》等孳孳不休。正如欧西学者日夜研究古巴比伦、埃及等国的文化，同样的无味。因彼时尚在混沌草昧时期，就是能发现一二种学说，也绝难找出有力的证据来证明他，又何况即便得以证明也不能致用呢？

二、考古文字。此亦求是而不切要之学也。若今日举国学子欣欣然考证龟甲，研求钟鼎，推求陶瓦，各自以为得。其考证甲骨者则凿凿于某字《说文》作某，钟鼎又作某，某字应读某声，穿凿附会之态较之研究钟鼎者尤为可笑。而不知龟甲之真伪本难分别，何况其证据又薄弱无力！至于钟鼎本系金属，真伪尚易辨别，然考证其文字，终觉无味。其一切考证钟鼎文字之书籍，更须审辨。若宋人之《集古录》《金石录》《博古图》等书，考订本多难据。至清之吴大澄等益加穿凿。然清人考订文字大率沿袭宋人，不知宋人更

① 由王联曾记录，载《中法大学月刊》第五卷第五期，一九三四年十月一日出版。

沿袭何者。夫文字递变，必据有形迹者以为推。假如佐证毫无，而欲妄加揣测，正如外人到中国听戏，纵赏其声调铿锵，而于曲中旨趣则茫乎无所知矣。

三、考墨辩。今日学者，除去染有上述两项风气之外，尚有一种绝不能以之致用的风气，就是考墨辩。墨子的精华仅在《尚贤》《尚同》《兼爱》《非攻》诸篇。至于《经上下》《经说上下》《大小取》诸篇，实墨子的枝叶。而考墨辩者却矜矜然说某段合乎今日科学界中的电学，某段合于今日科学界之力学，某段合于今日科学界之飞艇飞机，某段系今日物理学中之定律，某段又是今日化学之先声。似墨的神通，活像今日科学界的开山老祖一样。即使以上诸说能够成立，也不过是繁琐哲学之一流。庄子有一句话："窜句游心于坚白同异之间，杨墨是已。"这样说来，非独墨子是科学专家，杨子又何尝不然呢？《大戴礼》哀公问孔子有小辨之说，则墨子亦小辨之流也。总之其语虽然有是的地方，用起来时却不能致用。所以这班学子虽较考古史、古文字学有用，然终不是今日所需要的。

现代的学者既如上述。若溯及前代治学的人也各有所偏。明代学者知今而不通古，清代学者通古而不知今。所以明人治事的本领胜于清人，虽少年科第足以临民。清之学者考证经史详搜博引，虽为前古所无，惜不谙当代制度，治事的时候，辄来请教于幕僚。所以两朝学者各有所蔽。然明之学者尚能致用，清之学者虽欲致用亦不能也。其所以不能致用者，基于彼等考大体者少，证枝叶者多耳。是明清两代之学，皆非切要，不足为今日所取法也。

今日切要之学是什么？曰历史也。历史之学宜自修，不适于讲授。现代各校不明此理，多于每周规定三四小时，与其他科目同一办法，此甚不然。试问一部正史，欲于每周三四小时内依次讲解，恐至少亦须三十年始能讲毕。即令学生明知史志为今日切要之学，若按时至校听讲而不自修，终必无收获。此外市面上有应时而起的《史学通论》《史学研究法》等，美其名曰节省时间，实无当也。如唐人刘知几之《史通通释》，往复辩论历代史书得失之处，虽甚详明，假使详明更不阅其所论之史书，则《史通》亦为无用。况今日市上之《史学通论》等书，撰著对于所论之书恐尚未尝看过，则其《通论》又哪里有丝毫的用处呢？故历史一科之教员应专讲解史志之条例及其中深奥的地方，其余易解之处统由学生去自修。盖研究学问有二法：一、有必须讲解者，如史学之条例是也。二、有必须自修者，则史志之全文是也。试观现在各校觍居历史讲座之先生，与茶馆中说评书的有什么分别？其中本领高者仅能讲明历史之大概，劣者虽大概亦不能明也。

现在的青年应当知道自己是什么时候的人，现在的中国是处在什么时期，自己对国家负有什么责任。这一切在史志上面全部都可以找到明确的答复。若是连历史也不清楚，则只觉得眼前混沌万状，人类在那里栖栖遑遑，彼此似无关系，展开地图亦不知何地系我国固有，何地系我国尚存者，何地已被异族侵占？问之茫然无以对者，比比然也，则国之前途岂不危哉！一国之历史正似一家之家谱，其中所载尽已往之事实，此事实即历史也。若一国之历史衰，可占其民族之爱国心亦必衰。盖事实为综错的，繁复的，无一定之规律的；而历史乃归纳此种种事实，分类记载，使阅者得知国家强与弱的原因，战争胜败的远因近因，民族盛衰的变迁，为人生处世所不可须臾离者。历史又如棋谱然，若据棋谱以下棋，善运用之，必操胜算，若熟悉历史，据之以致用，亦无往而不利也。

（中略）

宋之王荆公与现在国民党之总理孙逸仙均中不明历史之病。王荆公不许人读史志，毁之曰断烂朝报；孙逸仙似未精究历史，却也具有王氏之遗风，所以国民政府今日未有令名。王荆公与孙之国民党同因不谙已往之史迹，以致爱国心衰。自王荆公倡不读史未及四十年，而宋亡矣，今民国缔造已二十一年，前后茫茫，亦可惧也。

附庸之国与固有国土本有区别，历史已详告我们。不幸今日上下竟有以附庸视东北三省，而盛唱“弃了东三省”的论调，这就是不明史志的原故，而仅据外人之称东三省为“满洲”，便以为东三省之属于我国乃附属地性质，非本土也。凡稍读史志者便以为其误。考东三省原中国固有的版图，汉谓之突厥，宋谓之辽、金。汉去今日已远，姑不论。即以明、清论之，明、清两代东三省皆为我国固有之版图，今竟因不明史志而疑固有的国土为附庸之地，其害较不读经书为尤甚。盖不晓得周公、孔子的名字，仅遗忘一二死去的人而已，无关国家之得失，若不晓得历史则几乎茫茫然遗失了东三省千百万方里的土地，其为害驾于经书之上。此语在好高骛远的人全不愿说，他们视历史如同掌故和家谱一样，岂料到关系于国家的命脉是这样的大呢？再以开铺店喻之，开铺店若不明该地的掌故习俗，则不出数日必倒闭矣。又如组织家庭，若不看家谱不明世族，则亲疏不分，视其同族若路人，此家未有能兴盛者。今知不看掌故家谱之害尚如此，其不明史志之害，岂不尤甚于斯与！故谓历史为掌故亦可，谓之为民族的家谱亦无不可。总之，历史就是我的掌故，我的家谱，他人得之虽然无用，而我不得不备此物，若欲为国效力，这本老家谱是非研究不可。至于运用之法，应注重制度、地域变迁的沿革，治乱之原因。阅之亦甚易，看一句即得一句之经验，非若治军须战略与操练并行也，故其成就亦易。史志之全帙虽繁，读司马光之《资治通鉴》则简而易行。今之青年既知史志为切要矣，当视为新发现之宝物去日夜看他才好！

历史之学不仅今日切要，即在往古亦十分切要。汉时即以六经为史，各有专家传其学，至今因时间之延长，史志遂觉繁多，然此正一完备之棋谱也。若善用之，何往而不利！故其切要尤甚于昔。在汉时可举史志而尽焚之，因彼时棋谱尚未完备，而有人才在，还可以补救时艰。今日则不可，因人才已无，棋谱更不可失矣。

“行己有耻，博学于文”，是从前的话。今当世界在较任何时期为严重的时候，历史上之陈迹即为爱国心之源泉，致用时之棋谱。其系于一国之兴亡为用尤钜，故史志乃今日切要之学也。

国学之统宗[1]

（一九三三年三月十四日在无锡国专演讲）

无锡乡贤，首推顾、高二公。二公于化民成俗，不无功效，然于政事则疏阔。广宁之失，东林之掣肘，不能辞其咎。叶向高、王化贞、邹元标、魏大中等主杀熊廷弼，坐是长城自坏，国势日蹙，岂非东林诸贤，化民成俗有余，而论道经邦不足乎？今欲改良社会，不宜单讲理学，坐而言，要在起而能行。周、孔之道，不外修己治人，其要归于六经，六经散漫，必以约持之道，为之统宗。余友桐城马通伯，主张读三部书：一、《孝经》；二、《大学》；三、《中庸》，身于三书均有注解。余寓书正之，谓三书有不够，有不必。《孝经》《大学》固当，《中庸》则不必取。盖《中庸》者，天学也，自"天命之谓性"起，至"上天之载无声无臭"止，无一语不言天学。以佛法譬之，佛法五乘，佛法以内者，有大乘、小乘、声闻独觉乘；佛法以外者，有天乘、人乘。天乘者，婆罗门之言也；人乘者，儒家之言也。今言修己治人，只须阐明人乘，不必涉及天乘。故余以为《中庸》不必讲也。不够者，社会腐败，至今而极，救之之道，首须崇尚气节。五代之末，气节扫地，范文正出，竭力提倡，世人始知冯道之可耻。其后理学家反以气节为不足道，以文章为病根，此后学之过也。专讲气节之书，于《礼记》则有《儒行》。《儒行》所述十五儒，皆以气节为尚。宋初，尚知尊崇《儒行》，赐新进士以皇帝手书之《儒行》。南宋即不然，高宗信高闶之言，以为非孔子之语，于是改赐《中庸》。大概提倡理学之士，谨饬有余，开展不足，两宋士气之升降，即可为是语之证。今欲卓然自立，余以为非提倡《儒行》不可。《孝经》《大学》《儒

[1] 由诸祖耿记录，载《制言》第五十四期，与《无锡国专季刊》第一册《讲经学》内容同。

行》之外，在今日未亡将亡，而吾辈亟须保存者，厥惟《仪礼》中之《丧服》。此事于人情厚薄，至有关系，中华之异于他族，亦即在此。余以为今日而讲国学，《孝经》《大学》《儒行》《丧服》，实万流之汇归也。不但坐而言，要在起而行矣。先讲《孝经》。

学者谓《孝经》为门内之言，与门外无关。今取《论语》较之，有子之言曰“其为人也孝弟而好犯上者鲜矣，不好犯上而好作乱者未之有也”，与《孝经》“先王有至德要道，民用和睦，上下无怨”，意义相同。所谓“犯上作乱”，所谓“民用和睦，上下无怨”，均门外之事也，乌得谓之门内之言乎！宋儒不信《孝经》，谓其非孔子之书。《孝经》当然非孔子之书，乃出于曾子门徒之手，然不可以其不出孔子之手而薄之。宋儒于《论语》“孝弟也者其为仁之本与”一章，多致反驳，以为人之本只有仁，不有孝弟。其实仁之界说有广狭之别，“克己复礼”，狭义也，“仁者爱人”，广义也。如云孝弟也者，其为爱人之道之本与，则何不通之有！后汉延笃著《仁孝先后论》，谓“孝在事亲，仁施品物”。孟子谓“亲亲而仁民”。由此可知孝弟固为仁之本矣，且此语古已有之，非发自有子也。《管子·戒第二十六》：“孝弟者，仁之祖也。”“祖”与“本”同，有子乃述管子之语耳。宋人因不愿讲《论语》此章，故遂轻《孝经》，不知汉人以《孝经》为六经总论，其重之且如此。以余观之，《尧典》“克明俊德，以亲九族，九族既睦，平章百姓，百姓昭明，协和万邦，黎民于变时雍”，即《孝经》“先王有至德要道以顺天下，民用和睦，上下无怨”之意。孔子之说，实承《尧典》而来。宋人疑之，可谓不知本矣。且也，儒、墨之分，亦可由《孝经》见之。墨子长处尽多，儒家之所以反对者，即在“兼爱”一端。今之新学小生，人人以爱国为口头禅，此非墨子之说而似墨子。试问如何爱国？爱国者，爱一国之人民耳。爱国之念，由必爱父母兄弟而起，父母兄弟不能爱，何能爱一国之人民哉！由此可知孝弟为仁之本，语非虚作。《孝经》一书，实不可轻。《孝经》文字平易，一看便了，而其要在于实行。平时身体发肤不敢毁伤，至于战阵则不可无勇，临难则不可苟免，此虽有似矛盾，其实吾道一贯，不可非议。于此而致非议，无怪日讲墨子“兼爱”之义，一旦见敌，反不肯拼命矣。昔孟子讲“爱亲敬长，为人之良能”，其后阳明再传弟子罗近溪，谓“良知良能，只有爱亲敬长”。谓孔门弟子求学，求来求去，才知孝弟为仁之本。此语也，有明理学中之一线光明，吾侪不可等闲视之者也。诸君试思，《孝经》之有关立身如此，宋人乃视为一钱不值，岂为平情之言乎。《孝经》讲孝，分列为五，其所云天子之孝，爱亲者不敢恶于人，敬亲者不敢慢于人，与墨子之道为近。民国人人平等，五种阶级，不必全依经文，但师其意而活用之，由近及远，逐项推广可矣。次讲《大学》。

《大学》为宋人所误解者不少，不仅误解，且颠倒其本文。王阳明出，始复古本之旧，其精思卓识，实出宋人之上。今按《大学》之言，实无所不包，若一误解，适足为杀人之本。宋人将“在亲民”改作“在新民”，以“穷知事物之理”解释“格物”。彼辈以为《康诰》有“作新民”之语，下文又有“苟日新”“天命维新”诸语，故“在亲民”之“亲”，非改作“新”不可。不知《汤盘》之新，乃洁清身体发肤之谓，其命维新者，新其天命也，皆与“亲民”无关，不可据之以改经文。夫《书经》人所共读，《孟子》亦人所共读，孟子明言三代之学皆所以明人伦也，人伦明于上，小民亲于下。《尚书》“尧命契作司徒，敬敷五教”，其结果则百姓相亲。《大学》“亲民”之说，前与《尚书》相应，后与《孟子》相应，不知宋人何以改字也。格物之说，有七十二家之歧异，实则无一得当。试问物理学之说，与诚意、正心何关？故阳明辟之，不可谓之不是。然阳明所云“致良知以正物”，语虽可喜，然加一“良”字，且语句与原意颠倒。应说“致知而后物格”，不应说“物格而后致知也”。阳明之前，郑康成训“格”为“来”，谓“所知于善深，则来善物；所知于恶深，则来恶物”，颇合《论语》“我欲仁，斯仁至矣”之义，亦与阳明“知行合一”之说相符。但文义亦与原文不合。虽能言之成理，胜于晦庵，但均颠倒原文，不足以服人之心。其余汉、宋大儒讲格物者，不计其数，而皆讲之不通。明人乃有不读书之灶丁王心斋，以为格物即“物有本末”，致知即“知所先后”，千载疑窦，一朝冰释，真天下快事。盖《大学》所讲，为格物、诚意、正心、修身、齐家、治国、平天下。诚意为正心、修身之本，此为知本，此为知之至也。上所云云，尤为根本之根本。心斋不曾读书，不知格字之义。《仓颉篇》：“格，量度也。”能量度即能格物。谓“致知在于量度物之本末”，此义最通，无怪人之尊之信之，称为“淮南格物论”也。刘蕺山谓王阳明远不如心斋，此语诚非无故。其后假道学先生李光地，亦知采取心斋。可见是非之心，人心有同然矣。阳明生时骂朱文公为“洪水猛兽”，阳明读书不多，未曾遍观宋人之说，故独骂朱子，实则伊川、象山均如此讲。朱子治学，亦未身能穷知事物之理，无可奈何，敷衍了事，而作此说。今之新学小生，误信朱子之言，乃谓道德而不能根据科学者不是道德，夫所谓道德，将以反抗自然也，若随顺自然，则杀人放火，亦何不可以科学为之根据者？信斯言也，真洪水猛兽之比矣。朱子有知，不将自悔其言之孟浪乎？殷、周革命之际，周人称忠殷抗周之民曰“殷顽”，思有以化之，故《康诰》有作“新民”之言。所谓“新民”者，使殷民思想变换，移其忠于殷者，以忠于周室耳。“新民”云云，不啻“顺民”之谓已。此乃偶然之事，非天下之常经，不可据为典要。夫社会之变迁以渐，新学小生，不知斯义，舍其旧而新是谋，以为废旧从新便合“作新民”之旨，不知其非《大学》之意也。要之，《大学》之义，当以古本为准，格物之解，当以心斋为是，不当盲从朱子。《孝经》乃一贯之道，《大学》亦一贯之道。历来政治不良，悉坐《大学》末章之病，所谓“好人之所恶，恶人之所好”，一也；“人之彦圣，媢疾以恶之”，二也；“长国家而务财用”，三也。三者亡国之原则，从古到今二三千年，无有不相应者。反之，即可以平天下。是故《大学》者，平天下之原则也，从“仁义”起，至“平天下”止，一切学问，皆包括其中。治国学者，应知其总汇在此。

讲明《孝经》《大学》，人之根本已立，然无勇气，尚不能为完人，此余之所以必标举《儒行》也。《儒行》十五儒，未必皆合圣人之道，然大旨不背于《论语》。《论语》子贡问：“何如斯可谓之士矣？”子曰：“行己有耻，使于四方，不辱君命，可为士矣。”子路问“成人”，子曰：“见利思义，见危授命，久要不忘平生之言，亦可以为成人矣。”“士”与“成人”，皆是有人格之意，反之，不能为人，即等于禽兽。《论语》所言，正与《儒行》相符。《儒行》“见死不更其守”，即《论语》“见危授命”之意；“久不相见，闻流言不信”，即《论语》“久要不忘平生之言”之意。可见道理不过如此。《论语》《儒行》，初无二致。宋人以“有过可微辨而不可面数也”一语，立意倔强，与子路“人告之以有过即喜”殊异，即加反对。不知骂《儒行》者，自身即坐此病。朱、陆为“无极”“太极”之枝节问题，意见相反，书函往复，互相讥弹，几于绝交，不关过失，已使气如此，何况举其过失乎？有朱、陆之人格，尚犹如此，何况不如朱、陆者乎？不但此也，孟子之为人，亦恐其“有过可微辨而不可面数”者。何以言之？淳于髡言“是故无贤者也，有则髡必识之”，以讥孟子。孟子引孔子之事，谓“君子之所为，众人固不识也”。其悻悻之辞气，见于文字间，可知其非胸无芥蒂者。余以为自孔、颜外，其余贤者恐皆如此。然而两汉人之气节，即是《儒行》之例证，苏武使于匈奴，十九年乃返，时人重之，故宣帝为之图像。至宋，范文正讲气节，倡理学。其后理学先生却不甚重视气节，洪迈之父皓，使于金，十五年乃返，其事与苏武相类，而时人顾不重之。宋亡，而比迹冯道者，不知凡几，此皆轻视气节之故。如今倭人果灭中国，国人尽如东汉儒者，则可决其必不服从；如为南宋诸贤，吾知其服从者必有一半。是故欲求国势之强，民气之尊，非提倡《儒行》不可也。《儒行》之是否出于孔子，不必论，但论吾侪行己应否如此可矣。其为六国时人作与？抑西汉时人作与？都可不问。若言之成理即非孔子之语，或儒者托为孔子之语，均无碍也。况以事实论之，哀公孱弱，孔子对证发药，故教之以强毅，决非他人伪造者也。

《丧服》经，不过《仪礼》十七篇之一。《仪礼》十七篇，《诸侯大夫礼》不必论；《冠礼》不行于今；《婚礼》《六礼》，徒有其名而已；《士相见礼》《乡饮酒礼》《特牲馈食礼》，亦不行于今；惟《士丧礼》与《丧服》有关。然讲《丧服》，不必讲《士丧礼》也。《丧服》至今仍行，通都大邑，虽只用黑纱缠臂，然内地服制尚存其意，形于文字者，尚有讣闻遵礼成服之语，虽是告朔之饩羊，犹有礼意存焉。周代有诸侯世卿之分，故《丧服》有“尊降”“厌降”之名。政治改变，诸侯世卿之名已去，汉代虽提倡《丧服》，即不讲“尊降”“厌降”，此亦礼文损益之义也。汉儒于《仪礼》尽注十七篇者，惟郑康成一人。其余马融、王肃，只注一篇。三国、晋、宋间人，注《丧服》者十余家，蜀蒋琬亦曾注《丧服》，可见《丧服》之重要。诸君翻阅杜佑《通典》，即可知《丧服》《丧礼》之大概。顾亭林言六朝人尚有优点，诚然！六朝人不讲节义，却甚重丧服。古人在丧服中，不能入内，不能见女人。陈寿遭父丧，有疾，使婢丸药，乡党以为贬议，坐是沉滞者累年，此事明载《晋书》。又晋惠帝之子愍怀太子遹，被贾后毒死，事白，惠帝为之下诏追复丧礼，反葬京畿，服长子斩衰三年，以《丧服》中本有父为长子斩衰三年之文故也。晋惠无道尚如此，可见晋人之重视《丧服》矣。晋以后，唐人亦重《丧服》。宋代理学先生，亦知维持《丧服》。明人则恐不甚看《丧服》经，然皇帝皆以“孝”字为号，尚知遵行《丧服》，胜于清人。《丧服》代有变迁：“尊降”“厌降”，不适宜于郡县时代。自汉至隋，全遵《仪礼》，唐人稍加修改，尚称近理。如：“父在为母齐衰期，父没为母齐衰三年”，唐人均改为三年，其余修改者尚有四五条，皆几微而不甚要紧。唯经文“妇为舅姑斩衰不杖期”，宋人改“妇为舅姑与子为父母同”。盖因唐末人不明礼意，有妇为舅姑如子为父母之事实。五代时，刘岳作《书仪》，即改妇为舅姑等于子为父母。至宋初，魏仁浦乃谓夫处苫块之中，妇服纨绮之服，是为不当，乃径改礼文。不知苫块在未葬之前，既葬即不在苫块，丧服有变除之义，期年入外寝，再期大祥，然后除服。妇已除服，虽不可着有花之纨绮，尚可着无花之青缣。如今之蓝纺绸。仁浦不知此意，故疑其不当。当时在官者，大抵不学无术，又翕然从之，改妇为舅姑，等于子为父母，此宋人之陋也。至明代只有斩衰三年。古礼，妇人不二斩，男子亦然，为人后者，为本生父母降，为父母斩衰，为长子亦斩衰。明太祖改之，明人不知古斩衰三年与齐衰三年惟在无缝有缝之别，本不甚相远也。古人持服，有正服、降服、义服之别。降服者承继，出嫁之子女，为本生父母也。义服者，恩轻而不得不重服，如臣之为君是也。降至清代，遂为一切误谬之总归宿。今若除去“尊降”“厌降”一条，其余悉遵《开元礼》，则所谓遵礼成服者，庶不致如告朔之饩羊矣。上来所讲，一、《孝经》；二、《大学》；三、《儒行》；四、《丧服》，其原文合之不过一万字，以之讲诵，以之躬行，修己治人之道，大抵在是矣。

适宜今日之理学[①]

（一九三三年十月二十二日在无锡国专演讲）

理学之范围甚大，今日讲学，当择其切于时世可以补偏救弊者而提倡之，所谓急先务也。吾今所讲，分为二目，一为国人同所需要之学，一为无锡特宜注重之学。

吾尝谓理学之名，不甚妥当，宋世称“道学”，明代称“理学”，姚江则称“心学”。宋人反对朱晦庵者云“无一实者谓之道学”，可见当时不以道学为嘉名。姚江以为在外，心在内，故不称理学而称心学。吾意理云心云，皆有可议，立身之道，发乎情，不能一断以理。一国有其礼法，一乡有其风俗，皆因情而立制，不尽合于理也。心学之名，较精确矣。然心学末流，猖狂妄行，不顾礼法，正为其专趣高明之故。吾谓当正其名曰“儒学”，儒家成法，下学而上达，庶无流弊。

孟子、荀卿立言不同，而并称大儒。汉儒传经，师承有别，而其学有统，仁义忠信，是其统也。即隐逸一流，亦卓然以德操名世。若三国之管宁，所居左右，无斗讼之声，礼让移于海表，常坐一木榻，积五十余年，未尝箕股，此不可不谓之真儒。顾后世鲜有诵法者。东晋有颜含，兄死而复生，阖家营视，虽母妻不能无倦，含绝弃人事，躬亲侍养，足不出户者十三年，郭璞尝遇含，欲为之筮，含曰：“年在天，位在人，修己而天不与者，命也；守道而人不知者，性也。自有性命，无劳蓍龟。”此亦可谓知命之君子矣。子性绵延，有之推、师古之通学，真卿兄弟之风节，皆儒之高行，岂必学道，然后成其德性哉？今若以儒学为名，此人皆可入选也。

---

① 由诸祖耿记录，载《制言》第五十七期，一九三九年十月二十五日出版。

所谓理学，门户纷歧，在宋即有朱、陆之异派。其实何止朱、陆，晦庵本与吕东莱相契，其后以东莱注重功利，渐与分途。顾论学虽不合，论交则不替，至于修己治人之道，彼此亦非相反也。明儒派别更多。王阳明反对朱学，阳明弟子又各自分派，互相反对。阳明与湛甘泉为友，其为学亦相切磋，其后王讲良知，湛讲天理，门庭遂别。王、湛之学，合传于刘蕺山，然蕺山于甘泉不甚佩服，于阳明亦有微词。其后东林派出，不满于朱学，亦不满于王学，而高景逸近于顿悟，景逸訾蕺山为禅，顾不自知其学亦由禅来也。凡此数家，学派虽不同，立身之道则同。儒家之学，本以修己治人为归宿。当今之世，讲学救国，但当取其可以修己治人，不当取其谈天论性。谈天论性者，在昔易入于佛法，今则易入于西洋哲学。若以修己治人为主，而命之曰儒学，则宋、明诸家门户之见，都可消除，而教人自处，亦易简而有功矣。

宋儒范文正、胡安定讲学吴中，立经义、治事斋，其学贵乎实习实用。同时司马、二程，以及南宋薛季宣、叶水心，皆以修己治人为学为教。近世顾亭林、陆桴亭，亦专心实学，不尚玄言，桴亭虽未尝反对性天之说，亭林则斥理学家为明心见性之儒矣。此八君子，若生于今日，则其事功必有可观，教化亦必有效也。

自侈谈性天者外，更有一派，以为一物不知，儒者之耻，此亦有流弊，亦非今日所宜提倡也。儒者竟以一物不知为耻耶？于古无征。子曰："知之为知之，不知为不知，是知也。"庄生亦言："生也有涯，知也无涯，以有涯逐无涯，殆已。"夫耻一物之不知者，有但作此说而未尝躬行，亦有躬行而终不能至焉。若朱晦庵，自知日不暇给，不复能穷知事物之理，是但言之而不行者也。若颜习斋，本近于永嘉派，以礼、乐、射、御、书、数为儒家正业，其说是也，至欲习于兵、农、钱、谷、水、火、工、虞件件而精之，则天下无此全才。自大禹之圣，治水而外，未见更有何等功业，他无论矣。即今之为科学者，亦各自专门。不知江、戴诸君，何以不悟及此。乃至读《尧典》必测天文，读《禹贡》必究地理，岂亦为针砭俗学而然耶！慎修崇拜朱学，故注《近思录》。东原本出江门，说经颇引晦庵之言，其作《孟子字义疏证》，则有取于习斋。然读书若此，不知何年得通一艺也。孔子曰："吾少也贱，故多能鄙事。"明非人人必须多能，且无机衡之器，谁能测天？无四载可乘，谁能相地？此等专门之学，正恐孔子之多能，未必深通；冉求之艺，亦难遍习。单居离问曾子：

"天圆而地方，诚有之乎?"曾子曰："诚是天圆而地方，则是四角之不掩也。"此谓地是平圆，而非浑圆，按之今日地理之学，固为大谬，然不以此而有损曾子之贤。《周髀算经》曰："地滂沱四隤而下。"此谓地如馒头，亦谬也。唯《泰卦》云："无平不陂，无往不复。"《象》曰："无往不复，天地际也。"此乃知地如丸卵矣。然文王演《易》，却不以此为胜义。可知儒者所急，在乎修己治人，行有余力，以求多能，自无不可。若谓非上通天文，下知地理，不足以为儒，则非也。韩退之云："《尔雅》注虫鱼，定非磊落人。"退之文人，亦知求学之道不在乎一鳞一爪，而其大体是存，则用日少而畜德多矣。

向来儒家之学，止于人事，无明心见性之说，亦无穷究自然之说。"人心""道心"二语，出于《伪古文尚书》，盖魏、晋人之言也。试思尧舜禅让，谅不异今日官吏之办移交。所谓"允执厥中"者，中即《周官》小司寇登中于天府之中，谓会计簿籍也。汉官有治中，犹称主簿尔。然则历数次在其躬，簿籍付与其手，尧舜之事，可知之矣。夫何暇论及人心、道心也哉！盖自古所称为圣人者，凡以其能开物成务而已，伏羲之结网罟，神农之制耒耜，黄帝之造书数，帝尧之治历象，其功一也。民非耕稼不生活，敬授民时，修农政也，然四时推候，但以命羲和之官，非人人而命之也。儒家祖述尧舜，尧舜所病，乃在不能修己以安百姓，性天之不谈，一物之不知，非儒者之耻明矣。欧阳永叔于理学无所发明，独谓性非切要之道，则可谓知言。如今学者，好谈哲学，推究宇宙之原，庶物之根，辩驳愈多，争端愈出，于是社会愈乱，国愈不可治矣。若在太平之世，以此消遣，亦复贤乎博弈；至于乱世，而尚清谈，则东晋之祸，正是前车。亭林有言，今之理学，亦是清谈。试问今之哲学，竟有愈于当时之理学否?

宋、明学者之取于佛法，有其范围，四禅八定，非所讳言，至于不住生死，超出三界云云，则绝口不道。然则所取佛法，仅及其半，佛法所以为殊胜者，乃先儒所不取，盖唯恐入于断灭也。今若讲论性天之学，更将有取于西洋。西洋哲学但究名理，不尚亲证，则其学与躬行无涉。科学者流，乃谓道德礼俗，皆须合于科学，此其流弊，使人玩物而丧志，纵欲以败度。今之中华，国堕边防，人轻礼法，但欲提倡科学，以图自强，是知其一不知其二也。

次论无锡特宜注重之学。无锡本东林学派发源之地，东林之学，至清中叶而阒焉无闻。今之无锡，工厂如林，商业繁盛，非顾、高二公之时之比。然通商之地，人心趋利，盖习俗之移人也。使二公生于今日，虽户说以理学之眇论，恐亦不能化。明儒陈白沙生于岭南，岭南通商最早，高富下贫，粤俗为甚。故白沙之教，日与弟子登涉山水，投壶赋诗，纵论古今事，不遽语及道学，而待其自悟，此盖近于曾点一派。周茂叔令二程寻孔、颜乐处，所乐何事，亦是此意。今之无锡，比于明世之新会，必有过之，吾意设教者当取白沙一派，亦使学子知吾与点也之趣，然后可与适道。

班孟坚讥史公之述《货殖》，崇势利而羞贱贫，是非缪于圣人。然史公云："夫千乘之王，万家之侯，百室之君，尚犹患贫，而况匹夫编户之民乎！"其词有激宕焉。孔子以臧文仲妾织蒲为不仁。扬子云称公仪子、董仲舒之才之卲，以公仪子为鲁相，妇织于室而遣去，入园有葵而拔弃之，不与民争利也。仲舒为江都相，下帷三年不窥园，亦不治生产者也。然《汉书》称张安世尊为公侯，食邑万户，而身衣弋绨，夫人自纺绩，家僮七百人，皆有手技作事，内治产业，累积纤微，此其与民争利，什百于臧孙。而孟坚谓之"满而不溢"，岂非缪于孔子、扬云所是非耶？近代曾涤笙身为大臣，而令其室人纺纱，日程四两，此则显与公仪子所为异矣。孟献子曰："畜马，乘不察于鸡豚，伐冰之家，不畜牛羊，百乘之家，不畜聚敛之臣，与其有聚敛之臣，宁有盗臣。"曾氏以理学家自命者也，不知其读《大学》之时，作何等感想也。

或曰，刘寄奴为帝，被服居处，俭于布素，岭南献细布，则恶其精丽劳人，史家称之。如今所论，宋帝之俭，无乃贻爱财之诮乎？答曰：宋帝起自贫乏，富贵之后，不改雅度，故可称也。其禁绝侈靡，可谓上思利民，非与民争利审矣。俭为美德，犹贵中礼，况以公侯之富而与民争利乎？至许鲁斋谓"儒者必先治生"，阳明反对此说，亭林却以为然。吾意学者治生，与大臣积产有间。学者治生而不至空乏，则可以养其廉耻。阳明生当平世，家给人足，殆未见仕有为贫者，故不达鲁斋语趣。亭林生当乱世，所见为贫而仕者盖亦众矣，故以许说为然。

太史公曰："富者人之情性所不学而俱欲者也"，然以中国视西洋，则亦有间。中国贵人多有功遂身退者，富人亦有知止知足者，于西洋无闻焉。故人哈同君，富倾沪上，年八十矣，犹日夕校阅房租账簿，此非求益富以自奉也。其治产也，直与吾辈之治学不异，都无止境，死而后已。然西洋之俗，既日渐于中国，耳目欲极声色之好，口欲穷刍豢之味，身安逸乐，而心夸矜势能之荣，亦日有甚焉。昔陆子静讲“君子喻于义，小人喻于利”一章，听者竟至泣下，使在今日讲之，宁复有感动者乎？故吾谓设教于通商之地者，莫如白沙一派为能收效也。

儒家之利病[①]

（一九三三年秋在苏州国学会演讲）

儒者之称，有广狭二义。以广义言，凡士子皆得称之；以狭义言，如汉儒、宋儒始可谓儒。今姑论狭义之儒。

儒自古称柔，少振作。《汉书·艺文志》云："儒家议论多而成功少。"惟孔子及七十子则不然。春秋以后，儒家分为二宗：一曰孟子；二曰荀子。大抵经学之士多宗荀，理学之士多宗孟。然始儒者能综合之，故兼有修身、齐家、治国、平天下之功。汉儒如贾谊之徒，言词虽涉铺张，然文帝纳之，施之于政，灿然可观。是时儒者，非惟能论政治，善用兵者亦多。段颎、张奂平西羌，度尚平南蛮，卢植平黄巾，植经学政治军略，均卓尔不群，即三分鼎足之刘备，亦师事卢植。及后即帝位，犹谆谆教其子读《礼记》，非儒而何？曹操、孙权，皆举孝廉，亦儒之流也。唐之儒亦能综合孟、荀，故如魏征、陆贽辈之相业，彪炳千古。至有宋理学之儒出，尊孟抑荀，于是儒者皆绌于军国大事。窃谓孟子之学，虽抗言王道，然其实郡县之才也。如"五亩之宅，树之以桑。七十者可以衣帛矣……"云云，足征其可造成循吏。即孟子得时乘权，亦不过如黄霸、龚遂耳。不如荀之规模扩大。故宋儒服官者，多循吏，而于国家大政则疏，其所由来者渐矣。

昔人言，儒相推葛、陆、范、马。然诸葛治蜀全任综核，法家之流，非儒家也。当推魏征为宜，明之刘健、徐阶，亦堪称之。余定古今儒相为魏、陆、范、马、刘、徐六人。若姚崇、宋璟亦法家也。李泌则道家也。李德裕、杨一清、张居正则善用权谋者也。

---

① 由李希泌记录，章氏国学讲习会单印本《章太炎先生讲演录》，一九三三年排印。又载《中国哲学》第二辑，一九八〇年三月出版。

后世之儒，少有论兵者。于王阳明之武功，亦非群儒所喜，盖孟子之不论兵有以致之。若荀子则有《议兵篇》在。《荀子·议兵篇》论古兵制曰："齐之技击，不可以遇魏氏之武卒；魏氏之武卒，不可以遇秦之锐士；秦之锐士，不可以当桓文之节制；桓文之节制，不可以敌汤武之仁义，有遇之者，若以焦熬投石焉。"

骄吝，亦儒者之深病。子曰："如有周公之才之美，使骄且吝，其余不足观也已。"而宋儒率多自尊大，其悭吝亦深。林粟远道求学于朱子，朱子待之以脱粟饭，致林粟怀恨去。然此非徒理学诸公有之。英雄如曹操，良相如司马温公，亦不免有吝字。操临终时，尚恋其裘服，最为可笑。温公遇某生欲纳妾，贷钱二千缗，公以长函责之。如清末所称之曾国藩，政治不足述，军事有足纪，其战胜之关键，在熟读《方舆纪要》，知地理，明形势，以扼敌于死地。然亦辞不得吝字。闻李鸿章为其幕僚，月得薪水十二两。又观其家书，嘱其夫人日纺纱四两，何异臧文仲之妾织蒲，张安世家僮七百各有手技。公仪休为相，拔园葵，去织妇，以不欲与民争利也。而后世乃以此为美，亦异乎吾所闻矣。大抵儒之吝者，皆杂有墨家之风。荀子曰："墨子汲汲为天下忧不足。"惟孟、荀时，儒颇阔大，多不吝啬，以后之儒，则似不然。范文正、顾亭林则出泥不染，可法也。

理学至宋之永嘉派陈止斋、叶水心，专述制度，较余派为有实用，亦尚不免迂阔。如慕唐府兵，而以为不须糜饷。此盖信三时务农、一时讲武之说。然欲兵之选练，征兵亦须在行伍，岂得三时务农乎？至清颜习斋、李恕谷之学，重礼、乐、射、御、书、数，而射御尤重，可谓扼要。其说之夸大者，则谓一人可兼水、火、工、虞。若陆桴亭之学，亦甚切实，惟误信致知格物之说，《思辨录》中喜论天文，其于兵法信八阵图，（八阵图见唐李筌《太白阴经》）、戚继光鸳鸯阵，亦不免于迂也。

孔子之门甚广大，非皆儒也，故云："夫子之门，何其杂也？"子贡纵横家，子路任侠之士而又兼兵家。然儒家之有权谋者，亦仍本乎道家。即前所指六相中，除魏、马、刘外，陆、范、徐皆善用权谋。即尚论周公，岂非儒家之首，然其用太公主兵，足征亦任权谋矣。太公，道家也。然其所使权谋，皆露而不隐，范蠡、陈平即其流亚。反不如管仲处处守正，深沉不露。若老子则尤微妙不可测矣。如范蠡在孔子之门，亦未必见摈也。至孟、荀皆不尚权谋，其反间燕世子事，如邯郸效颦，卒致于败。故知任天下之重者，权谋本非所禁，然亦非迂儒之所可效也。

在吴县纪念孔子诞生大会上之演说[①]

（一九三五年八月二十七日）

今日为纪念孔子诞辰，开此大会。且先之以祭祀，在孔子固不在此一祭，而在国人心理中，则不得不纪念之。从前圣庙列入中祀，清末始升为大祀，民国初元犹然。祭孔与祭祀鬼神不同，大家须知我辈祭孔，系纪念至圣先师，与宗教家心目中之鬼神，迥不相同矣。尊重孔子是应当的，若认为宗教之教主，则大误矣。孔子所应尊重者在何几点？从前天坛宪法，以孔子之道为修身之大本，说亦近是。实则犹不止于此。自生民以来，未有甚于孔子，虽性与天道，关于人事者较少，“无意无必，无固无我”，所谓子绝四者，佛教犹然。现为救世计，亦不必讲太高远之道，最平易浅近之道，是为“人伦”为“儒”。孔子云：“行己有耻，使于四方，不辱君命，可以为士矣。”又云：“见利思义，见危授命，久要不忘平生之言，亦可以为成人矣。”人苟能做到此八句，人心世道之坏，决不至如今日之甚。从春秋到今日二千四百年，一切环境，当然迭有变迁。具体的政治，《论语》不讲，《论语》单讲抽象的政治。道德齐礼，古今无异。宋赵普之半部《论语》治天下，半部《论语》致太平，果然费人之语。然彼何不说半部《周礼》乎？《周礼》具体的，《论语》抽象的，故后者可行而前者不可行也。复次，中国立国根本在民族主义，中山先生三民主义中亦讲及之。孔子称赞管仲，而曰“微管仲，吾其披发左衽矣，内中国外夷狄”。后人以为

① 载《中央日报》（南京）一九三五年八月三十日，又载《国光杂志》第九期，一九三五年九月十六日出版，改题为《尊孔意义》。

孔子像

《春秋》之大义。孔子所自议者，为夷狄之有君，不如诸夏之无也。盖言夷狄虽有君，犹不如诸夏之无君。朱子反之，遂成倒语。皇侃《论语义疏》，中国以前，久成佚书，后从日本得来。清修《四库》，觉对于此节之引申阐发处，颇触忌讳，遂讳其原文。原增鲍氏刻《知不足斋丛书》，亦讳其语。而东洋书藏中，则钞本刻本，均与中国本相反。晋孙绰《文选》中《游天台山赋》之著作者有语云："诸夏有时无君，道不荆棘，夷狄强者为主，形同禽兽"，即本此。邢昺《疏》尚存在，其意义亦然也。此孔子一生最痛切语。要之，从孔子以来，二千余年，中国人之受外国欺侮，不知凡几。自汉以来，迭受外人欺侮，无有不能恢复者。晋受五胡逼至江南，而尚不与之通款，南宋则甚至称臣称姪，元则不必论矣。然韩林儿辈，并不读书，尚能恢复一部分故业。无他，孔子学说深中于人心耳。明末满人攘我神州，近三百年，我人今日独能恢复我固有之国土。盖亦以儒者为提倡民族主义，已深入人心，故满夷一推倒，即能还我中原耳。今日国难当前，尊重孔子，犹为当务之急。纪念孔子，必须以自己身体当孔子看，又须将中华民族当孔子看。如此纪念，方得纪念之道也。

图书在版编目(CIP)数据

章太炎讲国学/史文编.—上海:上海人民出版社,2019
(杭州全书/王国平总主编.余杭丛书)
ISBN 978-7-208-16078-1

Ⅰ.①章… Ⅱ.①史… Ⅲ.①国学-文集 Ⅳ.①Z126.27-53

中国版本图书馆 CIP 数据核字(2019)第 251757 号

责任编辑 邵 冲
封面设计 汪 昊

杭州全书·余杭丛书
章太炎讲国学
王国平 总主编 史 文 编

出 版 上海人民出版社
(200001 上海福建中路 193 号)
发 行 上海人民出版社发行中心
印 刷 浙江新华数码印务有限公司
开 本 720×1000 1/16
印 张 11.25
字 数 149,000
版 次 2019 年 11 月第 1 版
印 次 2019 年 11 月第 1 次印刷
ISBN 978-7-208-16078-1/B·1427
定 价 68.00 元

《杭州全书》

“存史、释义、资政、育人”
全方位、多角度地展示杭州的前世今生

杭州全书

- 杭州文献集成
  - 西湖文献集成
  - 西溪文献集成
  - 运河（河道）文献集成
  - 钱塘江文献集成
  - 良渚文献集成
  - 湘湖（白马湖）文献集成
- 杭州丛书
  - 西湖丛书
  - 西溪丛书
  - 运河（河道）丛书
  - 钱塘江丛书
  - 良渚丛书
  - 湘湖（白马湖）丛书
- 杭州通史
  - 西湖通史
  - 西溪通史
  - 运河（河道）通史
  - 钱塘江通史
  - 良渚通史
  - 湘湖（白马湖）通史
- 杭州辞典
  - 西湖辞典
  - 西溪辞典
  - 运河（河道）辞典
  - 钱塘江辞典
  - 良渚辞典
  - 湘湖（白马湖）辞典
- 杭州研究报告
  - 西湖研究报告
  - 西溪研究报告
  - 运河（河道）研究报告
  - 钱塘江研究报告
  - 良渚研究报告
  - 湘湖（白马湖）研究报告

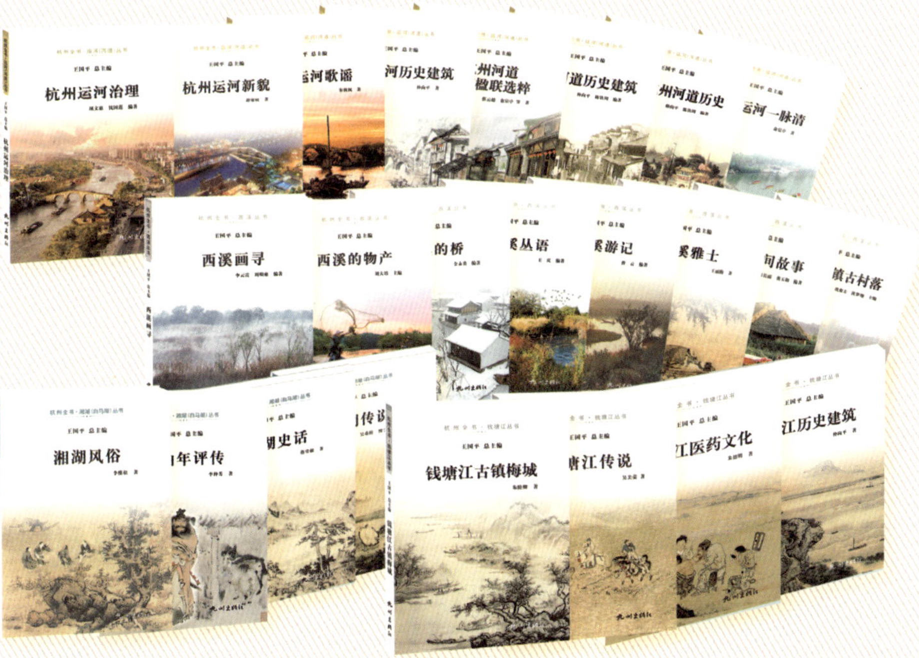

《杭州全书》已出版书目

文献集成

杭州文献集成

1.《武林掌故丛编（第1—13册）》（杭州出版社2013年出版）
2.《武林往哲遗著（第14—22册）》（杭州出版社2013年出版）
3.《武林坊巷志（第23—30册）》（浙江人民出版社2015年出版）
4.《吴越史著丛编（第31—32册）》（浙江古籍出版社2017年出版）
5.《咸淳临安志（第41—42册）》（浙江古籍出版社2017年出版）

西湖文献集成

1.《正史及全国地理志等中的西湖史料专辑》（杭州出版社2004年出版）
2.《宋代史志西湖文献专辑》（杭州出版社2004年出版）
3.《明代史志西湖文献专辑》（杭州出版社2004年出版）
4.《清代史志西湖文献专辑一》（杭州出版社2004年出版）
5.《清代史志西湖文献专辑二》（杭州出版社2004年出版）
6.《清代史志西湖文献专辑三》（杭州出版社2004年出版）
7.《清代史志西湖文献专辑四》（杭州出版社2004年出版）
8.《清代史志西湖文献专辑五》（杭州出版社2004年出版）
9.《清代史志西湖文献专辑六》（杭州出版社2004年出版）
10.《民国史志西湖文献专辑一》（杭州出版社2004年出版）
11.《民国史志西湖文献专辑二》（杭州出版社2004年出版）
12.《中华人民共和国成立50年以来西湖重要文献专辑》（杭州出版社2004年出版）
13.《历代西湖文选专辑》（杭州出版社2004年出版）
14.《历代西湖文选散文专辑》（杭州出版社2004年出版）

15.《雷峰塔专辑》（杭州出版社 2004 年出版）
16.《西湖博览会专辑一》（杭州出版社 2004 年出版）
17.《西湖博览会专辑二》（杭州出版社 2004 年出版）
18.《西溪专辑》（杭州出版社 2004 年出版）
19.《西湖风俗专辑》（杭州出版社 2004 年出版）
20.《书院·文澜阁·西泠印社专辑》（杭州出版社 2004 年出版）
21.《西湖山水志专辑》（杭州出版社 2004 年出版）
22.《西湖寺观志专辑一》（杭州出版社 2004 年出版）
23.《西湖寺观志专辑二》（杭州出版社 2004 年出版）
24.《西湖寺观志专辑三》（杭州出版社 2004 年出版）
25.《西湖祠庙志专辑》（杭州出版社 2004 年出版）
26.《西湖诗词曲赋楹联专辑一》（杭州出版社 2004 年出版）
27.《西湖诗词曲赋楹联专辑二》（杭州出版社 2004 年出版）
28.《西湖小说专辑一》（杭州出版社 2004 年出版）
29.《西湖小说专辑二》（杭州出版社 2004 年出版）
30.《海外西湖史料专辑》（杭州出版社 2004 年出版）
31.《清代西湖史料》（杭州出版社 2013 年出版）
32.《民国西湖史料一》（杭州出版社 2013 年出版）
33.《民国西湖史料二》（杭州出版社 2013 年出版）
34.《西湖寺观史料一》（杭州出版社 2013 年出版）
35.《西湖寺观史料二》（杭州出版社 2013 年出版）
36.《西湖博览会史料一》（杭州出版社 2013 年出版）
37.《西湖博览会史料二》（杭州出版社 2013 年出版）
38.《西湖博览会史料三》（杭州出版社 2013 年出版）
39.《西湖博览会史料四》（杭州出版社 2013 年出版）
40.《西湖博览会史料五》（杭州出版社 2013 年出版）
41.《明清西湖史料》（杭州出版社 2015 年出版）
42.《民国西湖史料（一）》（杭州出版社 2015 年出版）
43.《民国西湖史料（二）》（杭州出版社 2015 年出版）
44.《西湖书院史料（一）》（杭州出版社 2016 年出版）
45.《西湖书院史料（二）》（杭州出版社 2016 年出版）
46.《西湖戏曲史料》（杭州出版社 2016 年出版）
47.《西湖诗词史料》（杭州出版社 2016 年出版）
48.《西湖小说史料（一）》（杭州出版社 2016 年出版）
49.《西湖小说史料（二）》（杭州出版社 2016 年出版）
50.《西湖小说史料（三）》（杭州出版社 2016 年出版）

西溪文献集成

1.《西溪地理史料》（杭州出版社 2016 年出版）
2.《西溪洪氏、沈氏家族史料》（杭州出版社 2015 年出版）
3.《西溪丁氏家族史料》（杭州出版社 2015 年出版）
4.《西溪两浙词人祠堂·蕉园诗社史料》（杭州出版社 2016 年出版）
5.《西溪蒋氏家族、其他人物史料》（杭州出版社 2017 年出版）
6.《西溪诗词》（杭州出版社 2017 年出版）
7.《西溪文选》（杭州出版社 2016 年出版）
8.《西溪文物图录·书画金石》（杭州出版社 2016 年出版）
9.《西溪宗教史料》（杭州出版社 2016 年出版）

运河（河道）文献集成

1.《杭州运河（河道）文献集成（第 1 册）》（浙江古籍出版社 2018 年出版）
2.《杭州运河（河道）文献集成（第 2 册）》（浙江古籍出版社 2018 年出版）
3.《杭州运河（河道）文献集成（第 3 册）》（浙江古籍出版社 2018 年出版）
4.《杭州运河（河道）文献集成（第 4 册）》（浙江古籍出版社 2018 年出版）

钱塘江文献集成

1.《钱塘江海塘史料（一）》（杭州出版社 2014 年出版）
2.《钱塘江海塘史料（二）》（杭州出版社 2014 年出版）
3.《钱塘江海塘史料（三）》（杭州出版社 2014 年出版）
4.《钱塘江海塘史料（四）》（杭州出版社 2014 年出版）
5.《钱塘江海塘史料（五）》（杭州出版社 2014 年出版）
6.《钱塘江海塘史料（六）》（杭州出版社 2014 年出版）
7.《钱塘江海塘史料（七）》（杭州出版社 2014 年出版）
8.《钱塘江潮史料》（杭州出版社 2016 年出版）
9.《钱塘江大桥史料（一）》（杭州出版社 2015 年出版）
10.《钱塘江大桥史料（二）》（杭州出版社 2015 年出版）
11.《钱塘江大桥史料（三）》（杭州出版社 2017 年出版）
12.《海宁专辑（一）》（杭州出版社 2015 年出版）
13.《海宁专辑（二）》（杭州出版社 2015 年出版）
14.《钱塘江史书史料（一）》（杭州出版社 2016 年出版）
15.《城区专辑》（杭州出版社 2016 年出版）
16.《之江大学专辑》（杭州出版社 2016 年出版）

17.《钱塘江小说史料》（杭州出版社 2016 年出版）
18.《钱塘江诗词史料》（杭州出版社 2016 年出版）
19.《富春江、萧山专辑》（杭州出版社 2017 年出版）
20.《钱塘江文论史料（二）》（杭州出版社 2017 年出版）
21.《钱塘江文论史料（三）》（杭州出版社 2017 年出版）
22.《钱塘江文论史料（四）》（杭州出版社 2017 年出版）
23.《钱塘江水产史料》（杭州出版社 2017 年出版）

余杭文献集成

《余杭历代人物碑传集（上下）》（浙江古籍出版社 2019 年出版）

湘湖（白马湖）文献集成

1.《湘湖水利文献专辑（上下）》（杭州出版社 2013 年出版）
2.《民国时期湘湖建设文献专辑》（杭州出版社 2014 年出版）
3.《历代史志湘湖文献专辑》（杭州出版社 2015 年出版）

丛　书

杭州丛书

1.《钱塘楹联集锦》（杭州出版社 2013 年出版）
2.《艮山门外话桑麻（上下）》（杭州出版社 2013 年出版）
3.《钱塘拾遗（上下）》（杭州出版社 2014 年出版）
4.《说杭州（上下）》（浙江古籍出版社 2016 年出版）
5.《钱塘自古繁华——杭州城市词赏析》（浙江古籍出版社 2017 年出版）

西湖丛书

1.《西溪》（杭州出版社 2004 年出版）
2.《灵隐寺》（杭州出版社 2004 年出版）
3.《北山街》（杭州出版社 2004 年出版）
4.《西湖风俗》（杭州出版社 2004 年出版）
5.《于谦祠墓》（杭州出版社 2004 年出版）

6.《西湖美景》（杭州出版社 2004 年出版）
7.《西湖博览会》（杭州出版社 2004 年出版）
8.《西湖风情画》（杭州出版社 2004 年出版）
9.《西湖龙井茶》（杭州出版社 2004 年出版）
10.《白居易与西湖》（杭州出版社 2004 年出版）
11.《苏东坡与西湖》（杭州出版社 2004 年出版）
12.《林和靖与西湖》（杭州出版社 2004 年出版）
13.《毛泽东与西湖》（杭州出版社 2004 年出版）
14.《文澜阁与四库全书》（杭州出版社 2004 年出版）
15.《岳飞墓庙》（杭州出版社 2005 年出版）
16.《西湖别墅》（杭州出版社 2005 年出版）
17.《楼外楼》（杭州出版社 2005 年出版）
18.《西泠印社》（杭州出版社 2005 年出版）
19.《西湖楹联》（杭州出版社 2005 年出版）
20.《西湖诗词》（杭州出版社 2005 年出版）
21.《西湖织绵》（杭州出版社 2005 年出版）
22.《西湖老照片》（杭州出版社 2005 年出版）
23.《西湖八十景》（杭州出版社 2005 年出版）
24.《钱镠与西湖》（杭州出版社 2005 年出版）
25.《西湖名人墓葬》（杭州出版社 2005 年出版）
26.《康熙、乾隆两帝与西湖》（杭州出版社 2005 年出版）
27.《西湖造像》（杭州出版社 2006 年出版）
28.《西湖史话》（杭州出版社 2006 年出版）
29.《西湖戏曲》（杭州出版社 2006 年出版）
30.《西湖地名》（杭州出版社 2006 年出版）
31.《胡庆余堂》（杭州出版社 2006 年出版）
32.《西湖之谜》（杭州出版社 2006 年出版）
33.《西湖传说》（杭州出版社 2006 年出版）
34.《西湖游船》（杭州出版社 2006 年出版）
35.《洪昇与西湖》（杭州出版社 2006 年出版）
36.《高僧与西湖》（杭州出版社 2006 年出版）
37.《周恩来与西湖》（杭州出版社 2006 年出版）
38.《西湖老明信片》（杭州出版社 2006 年出版）
39.《西湖匾额》（杭州出版社 2007 年出版）
40.《西湖小品》（杭州出版社 2007 年出版）
41.《西湖游艺》（杭州出版社 2007 年出版）

42.《西湖亭阁》（杭州出版社 2007 年出版）
43.《西湖花卉》（杭州出版社 2007 年出版）
44.《司徒雷登与西湖》（杭州出版社 2007 年出版）
45.《吴山》（杭州出版社 2008 年出版）
46.《湖滨》（杭州出版社 2008 年出版）
47.《六和塔》（杭州出版社 2008 年出版）
48.《西湖绘画》（杭州出版社 2008 年出版）
49.《西湖名人》（杭州出版社 2008 年出版）
50.《纸币西湖》（杭州出版社 2008 年出版）
51.《西湖书法》（杭州出版社 2008 年出版）
52.《万松书缘》（杭州出版社 2008 年出版）
53.《西湖之堤》（杭州出版社 2008 年出版）
54.《巴金与西湖》（杭州出版社 2008 年出版）
55.《西湖名碑》（杭州出版社 2013 年出版）
56.《西湖孤山》（杭州出版社 2013 年出版）
57.《西湖茶文化》（杭州出版社 2013 年出版）
58.《宋画与西湖》（杭州出版社 2013 年出版）
59.《西湖文献撷英》（杭州出版社 2013 年出版）
60.《章太炎与西湖》（杭州出版社 2013 年出版）
61.《品味西湖三十景》（杭州出版社 2013 年出版）
62.《西湖赏石》（杭州出版社 2014 年出版）
63.《西湖一勺水——杭州西湖水井地图考略》
（浙江人民美术出版社 2019 年出版））

西溪丛书

1.《西溪寻踪》（杭州出版社 2007 年出版）
2.《西溪的传说》（杭州出版社 2007 年出版）
3.《西溪的动物》（杭州出版社 2007 年出版）
4.《西溪的植物》（杭州出版社 2007 年出版）
5.《西溪沿山十八坞》（杭州出版社 2007 年出版）
6.《西溪历代诗文选》（杭州出版社 2007 年出版）
7.《西溪书法楹联集》（杭州出版社 2007 年出版）
8.《西溪历史文化探述》（杭州出版社 2007 年出版）
9.《西溪胜景历史遗迹》（杭州出版社 2007 年出版）
10.《西溪的水》（杭州出版社 2012 年出版）

11.《西溪的桥》（杭州出版社 2012 年出版）
12.《西溪游记》（杭州出版社 2012 年出版）
13.《西溪丛语》（杭州出版社 2012 年出版）
14.《西溪画寻》（杭州出版社 2012 年出版）
15.《西溪民俗》（杭州出版社 2012 年出版）
16.《西溪雅士》（杭州出版社 2012 年出版）
17.《西溪望族》（杭州出版社 2012 年出版）
18.《西溪的物产》（杭州出版社 2012 年出版）
19.《西溪与越剧》（杭州出版社 2012 年出版）
20.《西溪医药文化》（杭州出版社 2012 年出版）
21.《西溪民间风情》（杭州出版社 2012 年出版）
22.《西溪民间故事》（杭州出版社 2012 年出版）
23.《西溪民间工艺》（杭州出版社 2012 年出版）
24.《西溪古镇古村落》（杭州出版社 2012 年出版）
25.《西溪的历史建筑》（杭州出版社 2012 年出版）
26.《西溪的宗教文化》（杭州出版社 2012 年出版）
27.《西溪与蕉园诗社》（杭州出版社 2012 年出版）
28.《西溪集古楹联匾额》（杭州出版社 2012 年出版）
29.《西溪蒋坦与〈秋灯琐忆〉》（杭州出版社 2012 年出版）
30.《西溪名人》（杭州出版社 2013 年出版）
31.《西溪隐红》（杭州出版社 2013 年出版）
32.《西溪留下》（杭州出版社 2013 年出版）
33.《西溪山坞》（杭州出版社 2013 年出版）
34.《西溪揽胜》（杭州出版社 2013 年出版）
35.《西溪与水浒》（杭州出版社 2013 年出版）
36.《西溪诗词选注》（杭州出版社 2013 年出版）
37.《西溪地名揽萃》（杭州出版社 2013 年出版）
38.《西溪的龙舟胜会》（杭州出版社 2013 年出版）
39.《西溪民间语言趣谈》（杭州出版社 2013 年出版）
40.《西溪新吟》（浙江人民出版社 2016 年出版）
41.《西溪商贸》（浙江人民出版社 2016 年出版）
42.《西溪原住民记影》（浙江人民出版社 2016 年出版）
43.《西溪创意产业园》（浙江人民出版社 2016 年出版）
44.《西溪渔文化》（浙江人民出版社 2016 年出版）
45.《西溪旧影》（浙江人民出版社 2016 年出版）
46.《西溪洪氏》（浙江人民出版社 2016 年出版）

47.《西溪的美食文化》（浙江人民出版社 2016 年出版）
48.《西溪节日文化》（浙江人民出版社 2016 年出版）
49.《千年古刹——永兴寺》（浙江人民出版社 2017 年出版）
50.《自画西溪旧事》（杭州出版社 2018 年出版）
51.《西溪民间武术》（杭州出版社 2018 年出版）
52.《西溪心影》（杭州出版社 2018 年出版）
53.《西溪教育偶拾》（浙江人民出版社 2019 年出版）
54.《西溪湿地原住民口述史》（杭州出版社 2019 年出版）
55.《西溪花语》（杭州出版社 2019 年出版）
56.《廿四节气里的西溪韵味》（杭州出版社 2019 年出版）
57.《名人与西溪 · 漫游篇》（浙江人民出版社 2019 年出版）
58.《名人与西溪 · 世家篇》（浙江人民出版社 2019 年出版）
59.《名人与西溪 · 梵隐篇》（浙江人民出版社 2019 年出版）
60.《名人与西溪 · 乡贤篇》（浙江人民出版社 2019 年出版）
61.《名人与西溪 · 文苑篇》（浙江人民出版社 2019 年出版）

运河（河道）丛书

1.《杭州运河风俗》（杭州出版社 2006 年出版）
2.《杭州运河遗韵》（杭州出版社 2006 年出版）
3.《杭州运河文献（上下）》（杭州出版社 2006 年出版）
4.《京杭大运河图说》（杭州出版社 2006 年出版）
5.《杭州运河历史研究》（杭州出版社 2006 年出版）
6.《杭州运河桥船码头》（杭州出版社 2006 年出版）
7.《杭州运河古诗词选评》（杭州出版社 2006 年出版）
8.《走近大运河 · 散文诗歌卷》（杭州出版社 2006 年出版）
9.《走近大运河 · 游记文学卷》（杭州出版社 2006 年出版）
10.《走近大运河 · 纪实文学卷》（杭州出版社 2006 年出版）
11.《走近大运河 · 传说故事卷》（杭州出版社 2006 年出版）
12.《走近大运河 · 美术摄影书法采风作品集》（杭州出版社 2006 年出版）
13.《杭州运河治理》（杭州出版社 2013 年出版）
14.《杭州运河新貌》（杭州出版社 2013 年出版）
15.《杭州运河歌谣》（杭州出版社 2013 年出版）
16.《杭州运河戏曲》（杭州出版社 2013 年出版）
17.《杭州运河集市》（杭州出版社 2013 年出版）
18.《杭州运河桥梁》（杭州出版社 2013 年出版）

19.《穿越千年的通途》（杭州出版社 2013 年出版）
20.《穿花泄月绕城来》（杭州出版社 2013 年出版）
21.《烟柳运河一脉清》（杭州出版社 2013 年出版）
22.《口述杭州河道历史》（杭州出版社 2013 年出版）
23.《杭州运河历史建筑》（杭州出版社 2013 年出版）
24.《杭州河道历史建筑》（杭州出版社 2013 年出版）
25.《外国人眼中的大运河》（杭州出版社 2013 年出版）
26.《杭州河道诗词楹联选粹》（杭州出版社 2013 年出版）
27.《杭州运河非物质文化遗产》（杭州出版社 2013 年出版）
28.《杭州运河宗教文化掠影》（杭州出版社 2013 年出版）
29.《杭州运河土特产》（杭州出版社 2013 年出版）
30.《杭州运河史话》（杭州出版社 2013 年出版）
31.《杭州运河旅游》（杭州出版社 2013 年出版）
32.《杭州河道文明探寻》（杭州出版社 2013 年出版）
33.《杭州运河名人》（杭州出版社 2014 年出版）
34.《中东河新传》（杭州出版社 2015 年出版）
35.《杭州运河船》（杭州出版社 2015 年出版）
36.《杭州运河名胜》（杭州出版社 2015 年出版）
37.《杭州河道社区》（杭州出版社 2015 年出版）
38.《运河边的租界——拱宸桥》（杭州出版社 2015 年出版）
39.《运河文化名镇塘栖》（杭州出版社 2015 年出版）
40.《杭州运河旧影》（杭州出版社 2017 年出版）
41.《运河上的杭州》（浙江人民美术出版社 2017 年出版）
42.《西湖绸伞寻踪》（浙江人民美术出版社 2017 年出版）
43.《杭州运河文化之旅》（浙江人民美术出版社 2017 年出版）
44.《亲历杭州河道治理》（浙江古籍出版社 2018 年出版）
45.《杭州河道故事与传说》（浙江古籍出版社 2018 年出版）
46.《杭州运河老厂》（杭州出版社 2018 年出版）
47.《运河村落的蚕丝情结》（杭州出版社 2018 年出版）
48.《运河文物故事》（杭州出版社 2019 年出版）
49.《杭州河道名称历史由来》（浙江古籍出版社 2019 年出版）

钱塘江丛书

1.《钱塘江传说》（杭州出版社 2013 年出版）
2.《钱塘江名人》（杭州出版社 2013 年出版）

3.《钱塘江金融文化》（杭州出版社 2013 年出版）
4.《钱塘江医药文化》（杭州出版社 2013 年出版）
5.《钱塘江历史建筑》（杭州出版社 2013 年出版）
6.《钱塘江古镇梅城》（杭州出版社 2013 年出版）
7.《茅以升和钱塘江大桥》（杭州出版社 2013 年出版）
8.《古邑分水》（杭州出版社 2013 年出版）
9.《孙权故里》（杭州出版社 2013 年出版）
10.《钱塘江风光》（杭州出版社 2013 年出版）
11.《钱塘江戏曲》（杭州出版社 2013 年出版）
12.《钱塘江风俗》（杭州出版社 2013 年出版）
13.《淳安千岛湖》（杭州出版社 2013 年出版）
14.《钱塘江航运》（杭州出版社 2013 年出版）
15.《钱塘江旧影》（杭州出版社 2013 年出版）
16.《钱塘江水电站》（杭州出版社 2013 年出版）
17.《钱塘江水上运动》（杭州出版社 2013 年出版）
18.《钱塘江民间工艺美术》（杭州出版社 2013 年出版）
19.《黄公望与〈富春山居图〉》（杭州出版社 2013 年出版）
20.《钱江梵影》（杭州出版社 2014 年出版）
21.《严光与严子陵钓台》（杭州出版社 2014 年出版）
22.《钱塘江史话》（杭州出版社 2014 年出版）
23.《桐君山》（杭州出版社 2014 年出版）
24.《钱塘江藏书与刻书文化》（杭州出版社 2014 年出版）
25.《外国人眼中的钱塘江》（杭州出版社 2014 年出版）
26.《钱塘江绘画》（杭州出版社 2014 年出版）
27.《钱塘江饮食》（杭州出版社 2014 年出版）
28.《钱塘江游记》（杭州出版社 2014 年出版）
29.《钱塘江茶史》（杭州出版社 2015 年出版）
30.《钱江潮与弄潮儿》（杭州出版社 2015 年出版）
31.《之江大学史》（杭州出版社 2015 年出版）
32.《钱塘江方言》（杭州出版社 2015 年出版）
33.《钱塘江船舶》（杭州出版社 2017 年出版）
34.《城·水·光·影——杭州钱江新城亮灯工程》（杭州出版社 2018 年出版）

良渚丛书

1.《神巫的世界》（杭州出版社 2013 年出版）
2.《纹饰的秘密》（杭州出版社 2013 年出版）
3.《玉器的故事》（杭州出版社 2013 年出版）
4.《从村居到王城》（杭州出版社 2013 年出版）
5.《良渚人的衣食》（杭州出版社 2013 年出版）
6.《良渚文明的圣地》（杭州出版社 2013 年出版）
7.《神人兽面的真像》（杭州出版社 2013 年出版）
8.《良渚文化发现人施昕更》（杭州出版社 2013 年出版）
9.《良渚文化的古环境》（杭州出版社 2014 年出版）
10.《良渚文化的水井》（浙江古籍出版社 2015 年出版）

余杭丛书

1.《品味塘栖》（浙江古籍出版社 2015 年出版）
2.《吃在塘栖》（浙江古籍出版社 2016 年出版）
3.《塘栖蜜饯》（浙江古籍出版社 2017 年出版）
4.《村落拾遗》（浙江古籍出版社 2017 年出版）
5.《余杭老古话》（浙江古籍出版社 2018 年出版）
6.《传说塘栖》（浙江古籍出版社 2019 年出版）
7.《余杭奇人陈元赟》（浙江古籍出版社 2019 年出版）

湘湖（白马湖）丛书

1.《湘湖史话》（杭州出版社 2013 年出版）
2.《湘湖传说》（杭州出版社 2013 年出版）
3.《东方文化园》（杭州出版社 2013 年出版）
4.《任伯年评传》（杭州出版社 2013 年出版）
5.《湘湖风俗》（杭州出版社 2013 年出版）
6.《一代名幕汪辉祖》（杭州出版社 2014 年出版）
7.《湘湖诗韵》（浙江古籍出版社 2014 年出版）
8.《白马湖诗词》（西泠印社出版社 2014 年出版）
9.《白马湖传说》（西泠印社出版社 2014 年出版）
10.《画韵湘湖》（浙江摄影出版社 2015 年出版）
11.《湘湖人物》（浙江古籍出版社 2015 年出版）
12.《白马湖俗语》（西泠印社出版社 2015 年出版）

13.《湘湖楹联》（杭州出版社 2016 年出版）
14.《湘湖诗词（上下）》（杭州出版社 2016 年出版）
15.《湘湖物产》（浙江古籍出版社 2016 年出版）
16.《湘湖故事新编》（浙江人民出版社 2016 年出版）
17.《白马湖风物》（西泠印社出版社 2016 年出版）
18.《湘湖记忆》（杭州出版社 2016 年出版）
19.《湘湖民间文化遗存》（西泠印社出版社 2016 年出版）
20.《汪辉祖家训》（杭州出版社 2017 年出版）
21.《诗狂贺知章》（浙江人民出版社 2017 年出版）
22.《西兴史迹寻踪》（西泠印社出版社 2017 年出版）
23.《来氏与九厅十三堂》（西泠印社出版社 2017 年出版）
24.《白马湖楹联碑记》（西泠印社出版社 2017 年出版）
25.《湘湖新咏》（西泠印社出版社 2017 年出版）
26.《湘湖之谜》（浙江人民出版社 2017 年出版）
27.《长河史迹寻踪》（西泠印社出版社 2017 年出版）
28.《湘湖宗谱与宗祠》（杭州出版社 2018 年出版）
29.《毛奇龄与湘湖》（浙江人民出版社 2018 年出版）
30.《湘湖图说》（浙江人民出版社 2018 年出版）

研究报告

杭州研究报告

1.《金砖四城——杭州都市经济圈解析》（杭州出版社 2013 年出版）
2.《民间文化杭州论稿》（杭州出版社 2013 年出版）
3.《杭州方言与宋室南迁》（杭州出版社 2013 年出版）
4.《一座城市的味觉遗香——杭州饮食文化遗产研究》（浙江古籍出版社 2018 年出版）

西湖研究报告

《西湖景观题名文化研究》（杭州出版社 2016 年出版）

西溪研究报告

1.《西溪研究报告（一）》（杭州出版社 2016 年出版）
2.《西溪研究报告（二）》（杭州出版社 2017 年出版）
3.《湿地保护与利用的“西溪模式”——城市管理者培训特色教材·西溪篇》（杭州出版社 2017 年出版）
4.《西溪专题史研究》（杭州出版社 2018 年出版）
5.《西溪历史文化景观研究》（杭州出版社 2019 年出版）

运河（河道）研究报告

1.《杭州河道研究报告（一）》（浙江古籍出版社 2015 年出版）
2.《中国大运河保护与利用的杭州模式——城市管理者培训特色教材·运河篇》（杭州出版社 2018 年出版）
3.《杭州河道有机更新实践创新与经验启示——城市管理者培训特色教材·河道篇》（杭州出版社 2019 年出版）

钱塘江研究报告

《钱塘江研究报告（一）》（杭州出版社 2013 年出版）

良渚研究报告

《良渚古城墙铺垫石研究报告》（浙江古籍出版社 2018 年出版）

余杭研究报告

1.《慧焰薪传——径山禅茶文化研究》（杭州出版社 2014 年出版）
2.《沈括研究》（浙江古籍出版社 2016 年出版）

湘湖（白马湖）研究报告

1.《九个世纪的嬗变——中国·杭州湘湖开筑 900 周年学术论坛文集》（浙江古籍出版社 2014 年出版）
2.《湘湖保护与开发研究报告（一）》（杭州出版社 2015 年出版）
3.《湘湖文化保护与旅游开发研讨会论文集》（浙江古籍出版社 2015 年出版）

4.《湘湖战略定位与保护发展对策研究》（浙江古籍出版社 2016 年出版）
5.《湘湖金融历史文化研究文集》（浙江人民出版社 2016 年出版）
6.《湘湖综合保护与开发：经验・历程・启示——城市管理者培训特色教材・湘湖篇》（杭州出版社 2018 年出版）
7.《杨时与湘湖研究文集》（浙江人民出版社 2018 年出版）
8.《湘湖研究论文专辑》（杭州出版社 2018 年出版）
9.《湘湖历史文化调查报告（上下）》（杭州出版社 2018 年出版）
10.《湘湖（白马湖）专题史（上下）》（浙江人民出版社 2019 年出版）

南宋史研究丛书

1.《南宋史研究论丛（上下）》（杭州出版社 2008 年出版）
2.《朱熹研究》（人民出版社 2008 年出版）
3.《叶适研究》（人民出版社 2008 年出版）
4.《陆游研究》（人民出版社 2008 年出版）
5.《马扩研究》（人民出版社 2008 年出版）
6.《岳飞研究》（人民出版社 2008 年出版）
7.《秦桧研究》（人民出版社 2008 年出版）
8.《宋理宗研究》（人民出版社 2008 年出版）
9.《文天祥研究》（人民出版社 2008 年出版）
10.《辛弃疾研究》（人民出版社 2008 年出版）
11.《陆九渊研究》（人民出版社 2008 年出版）
12.《南宋官窑》（杭州出版社 2008 年出版）
13.《南宋临安城考古》（杭州出版社 2008 年出版）
14.《南宋临安典籍文化》（杭州出版社 2008 年出版）
15.《南宋都城临安》（杭州出版社 2008 年出版）
16.《南宋史学史》（人民出版社 2008 年出版）
17.《南宋宗教史》（人民出版社 2008 年出版）
18.《南宋政治史》（人民出版社 2008 年出版）
19.《南宋人口史》（上海古籍出版社 2008 年出版）
20.《南宋交通史》（上海古籍出版社 2008 年出版）
21.《南宋教育史》（上海古籍出版社 2008 年出版）
22.《南宋思想史》（上海古籍出版社 2008 年出版）
23.《南宋军事史》（上海古籍出版社 2008 年出版）
24.《南宋手工业史》（上海古籍出版社 2008 年出版）
25.《南宋绘画史》（上海古籍出版社 2008 年出版）

26.《南宋书法史》（上海古籍出版社 2008 年出版）
27.《南宋戏曲史》（上海古籍出版社 2008 年出版）
28.《南宋临安大事记》（杭州出版社 2008 年出版）
29.《南宋临安对外交流》（杭州出版社 2008 年出版）
30.《南宋文学史》（人民出版社 2009 年出版）
31.《南宋科技史》（人民出版社 2009 年出版）
32.《南宋城镇史》（人民出版社 2009 年出版）
33.《南宋科举制度史》（人民出版社 2009 年出版）
34.《南宋临安工商业》（人民出版社 2009 年出版）
35.《南宋农业史》（人民出版社 2010 年出版）
36.《南宋临安文化》（杭州出版社 2010 年出版）
37.《南宋临安宗教》（杭州出版社 2010 年出版）
38.《南宋名人与临安》（杭州出版社 2010 年出版）
39.《南宋法制史》（人民出版社 2011 年出版）
40.《南宋临安社会生活》（杭州出版社 2011 年出版）
41.《宋画中的南宋建筑》（西泠印社出版社 2011 年出版）
42.《南宋舒州公牍佚简整理与研究》（上海古籍出版社 2011 年出版）
43.《南宋全史（一）》（上海古籍出版社 2011 年出版）
44.《南宋全史（二）》（上海古籍出版社 2011 年出版）
45.《南宋全史（三）》（上海古籍出版社 2012 年出版）
46.《南宋全史（四）》（上海古籍出版社 2012 年出版）
47.《南宋全史（五）》（上海古籍出版社 2012 年出版）
48.《南宋全史（六）》（上海古籍出版社 2012 年出版）
49.《南宋美学思想研究》（上海古籍出版社 2012 年出版）
50.《南宋川陕边行政运行体制研究》（上海古籍出版社 2012 年出版）
51.《南宋藏书史》（人民出版社 2013 年出版）
52.《南宋陶瓷史》（上海古籍出版社 2013 年出版）
53.《南宋明州先贤祠研究》（上海古籍出版社 2013 年出版）

南宋研究报告

1.《两宋“一带一路”战略·长江经济带战略研究》
（杭州出版社 2018 年出版）

2.《南北融合：两宋与“一带一路”建设研究》（杭州出版社 2018 年出版）

通　史

西溪通史

《西溪通史（全三卷）》（杭州出版社 2017 年出版）

杭｜州｜全｜书